OEUVRES

DE

MOLIÈRE

ILLUSTRATIONS

PAR

MAURICE LELOIR

PSICHÉ

1890

PARIS

CHEZ ÉMILE TESTARD, ÉDITEUR

18, RUE DE CONDÉ, 18

M DCCC XCV

OEUVRES

DE

J.-B. P. DE MOLIÈRE

PSICHÉ

JUSTIFICATION DU TIRAGE

Il a été fait pour les Amateurs un tirage spécial sur papier de luxe à 550 exemplaires, numérotés à la presse.

		NUMÉROS
125 exemplaires sur papier du Japon.		1 à 125
75 — sur papier de Chine.		126 à 200
150 — sur papier Vélin à la cuve.		201 à 350
200 — sur papier Vergé de Hollande.		351 à 550

OEUVRES

DE

MOLIÈRE

ILLUSTRATIONS

PAR

MAURICE LELOIR

NOTICE

PAR

T. DE WYZEWA

PSICHÉ

PARIS

CHEZ ÉMILE TESTARD, ÉDITEUR

18, RUE DE CONDÉ, 18

M D CCC XCV

NOTICE SUR PSICHÉ

SICHÉ a longtemps été placée, dans les éditions de Molière, après les *Fourberies de Scapin*; et de fait c'est deux mois seulement après les *Fourberies*, le 24 juillet 1671, qu'elle fut offerte pour la première fois au public parisien, sur le théâtre du Palais-Royal. Mais il y avait alors cinq mois déjà qu'on l'avait jouée à la cour, dans la grande Salle des Machines du Palais des Tuileries; de telle sorte que sa première représentation publique n'était en réalité qu'une reprise. Peut-être même, comme on l'a dit, ne devons-nous les *Fourberies de Scapin* qu'au peu de confiance de Molière dans le succès de *Psiché*, et à son désir de faire alterner avec cette pièce, d'une beauté trop noble, un ouvrage plus gai, plus conforme aux goûts ordinaires de son public du Palais-Royal. Mais en ce cas Molière se serait trompé : car à la ville comme à la cour le succès de *Psiché* fut considérable, et à peine eut-elle paru, le 24 juillet 1671, que les *Fourberies de Scapin*, jouées jusque-là deux ou trois fois par semaine, durent quitter la place pour la lui laisser tout entière. Molière lui-même, dans la seconde scène de la *Comtesse d'Escarbagnas*, fait allusion à ce succès du « ballet de *Psiché* » qui, de son vivant, fut joué au Palais-Royal quatre-vingt-deux fois, et rapporta à la troupe la somme respectable de 77.119 livres. C'est que le public parisien était mûr dès lors pour un genre nouveau, dont *Psiché*, avec ses chœurs et ses danses, et l'éclat de sa mise en scène, lui fournissait l'avant-goût le plus

a

savoureux. En même temps qu'une belle tragédie, Molière en avait fait, à son insu, le parfait modèle du livret d'opéra. Et c'est ce qu'on vit bien quelques années plus tard, lorsque Lulli, libre enfin de se consacrer à des œuvres où la musique tenait le premier rang, commanda à Thomas Corneille un poème d'opéra directement tiré de la tragédie de Molière.

L'histoire de celle-ci est assez connue pour qu'il soit inutile de la raconter à nouveau. Elle se trouve toute, d'ailleurs, dans l'avertissement du *Libraire au Lecteur* publié par Molière en tête de la première édition. Voici encore cependant ce qu'en dit Voltaire :

« Depuis la mort du cardinal Mazarin, on n'avait donné en France que des pièces à machines avec des divertissemens en musique, telles qu'*Andromède* et la *Toison d'or*. On voulut donner au Roi et à la cour, pour l'hiver de 1670, un divertissement dans ce goût et y ajouter des danses. Molière fut chargé du sujet de la Fable le plus ingénieux et le plus galant, et qui était alors en vogue par le roman aimable, quoique beaucoup trop allongé, que La Fontaine venait de donner en 1669.

« Il ne put faire que le premier acte, la première scène du second, et la première du troisième : le temps pressait. Pierre Corneille se chargea du reste de la pièce ; il voulut bien s'assujettir au plan d'un autre, et ce génie mâle, que l'âge rendait sec et sévère, s'amollit pour plaire à Louis XIV. L'auteur de *Cinna* fit, à l'âge de soixante-sept ans, cette déclaration de Psyché à l'Amour qui passe encore pour un des morceaux les plus tendres et les plus naturels qui soient au théâtre.

« Toutes les paroles qui se chantent sont de Quinault. Lulli composa les airs. Il ne manquait à cette société de grands hommes que le seul Racine, afin que tout ce qu'il y eut jamais de plus excellent au théâtre se fût réuni pour servir un roi qui méritait d'être servi par de tels hommes. »

Ce récit de Voltaire ne va pas sans quelques erreurs, dont la plus grave, à coup sûr, est de trouver « beaucoup trop allongé » le délicieux petit roman de La Fontaine. Mais pour nous en tenir aux inexactitudes matérielles, ce n'est point « pour l'hiver de 1670 », au sens où l'entendait Voltaire, mais pour celui de 1671 que fut écrite *Psiché*, ce qui n'empêche pas que Corneille, quand il y travailla, ne fût pas âgé de « soixante-sept ans », mais à peine de soixante-cinq, étant né, comme l'on sait, le 6 juin 1606.

Voltaire avait en revanche tout à fait raison de considérer comme l'un des traits les plus remarquables de cette tragédie-ballet d'avoir été écrite en collaboration par une « société de grands hommes ». Sans parler de Lulli, le mauvais compagnon, qui devait, dès l'année suivante, intriguer auprès de Louis XIV contre Molière, que cependant il ne se faisait pas faute de piller et de dépouiller de ses droits, en vrai voleur qu'il était ; sans parler même de Quinault, dont les vers, dans *Psiché*, sont pourtant parmi tous ses vers d'opéra les plus coulants et les plus agréables, ce sera la gloire immortelle de cette pièce que le vieux Corneille ait consenti à y vêtir de ses rythmes sonores et de ses images nuancées la fable si ingénieusement combinée par Molière. Dans les scènes d'amour du troisième et du quatrième acte, notamment, son vers est tout frémissant de passion, d'une passion « si tendre et si naturelle », en effet, qu'on s'est demandé si le seul désir de « plaire à Louis XIV » avait suffi pour rendre tant de jeunesse et une fraîcheur si imprévue à la muse fatiguée du vieillard. Et l'on a cherché, — et naturellement on a trouvé, — dans les écrits du temps la matière d'une hypothèse plus romanesque, qui n'aurait, en somme, rien d'invraisemblable, et s'accorderait même assez avec l'idée que nous nous faisons du caractère de Corneille. Toujours est-il que, suivant cette hypothèse, ce n'est point seulement pour plaire au Roi, mais surtout pour plaire à Mademoiselle Molière, et pour se rapprocher d'elle, que le vieux poète aurait ainsi consenti à s'occuper de *Psiché*. Car c'est à sa femme que Molière destinait le rôle de l'héroïne de sa tragédie, et c'est encore pour elle que, l'année suivante, Corneille a écrit sa *Pulchérie*, comme nous l'apprend le mirlitonesque Robinet dans sa *Lettre en vers à Monsieur* du 26 novembre 1672 :

> *... L'auteur a fait ce poème*
> *Par l'effet d'une estime extrême*
> *Pour la merveilleuse Psiché,*
> *Par qui chacun est alléché,*
> *Ou mademoiselle Molière,*
> *Qui de façon si singulière,*
> *Et bref avecque tant d'appas,*
> *Qui font courir les gens à tas,*
> *Encor maintenant représente*
> *Ladite Psiché si charmante.*

Le tout est de savoir ce que signifie ce vers de Robinet : « par l'effet d'une estime extrême ». S'agit-il d'une estime tout artistique, du cas que faisait Corneille d'une actrice belle et pleine de passion au théâtre, ou bien d'un sentiment plus intime, et s'adressant à la femme, par-dessous l'actrice ? Cette seconde explication s'accorderait avec un passage du neveu de Corneille, Fontenelle, nous assurant que son oncle s'est dépeint lui-même dans le rôle du vieillard Martian, amoureux de Pulchérie. Mais à supposer même que Corneille, à soixante-cinq ans, ait été vraiment amoureux, rien ne prouve qu'il l'ait été de Mademoiselle Molière, qui d'ailleurs, en fin de compte, ne joua jamais Pulchérie. Bornons-nous donc à signaler l'hypothèse, sans y attacher plus d'importance qu'il ne convient à ce genre d'histoires. Peut-être Corneille était-il amoureux de Mademoiselle Molière, peut-être l'était-il de quelque autre beauté ; ou peut-être l'était-il simplement de Psiché, et de tant de symboles et de visions poétiques que cette adorable légende ne pouvait manquer de lui suggérer. L'essentiel pour nous est qu'au contact de ce sujet sa vieille âme de poète héroïque et tendre se soit soudainement rajeunie, ou plutôt qu'une âme nouvelle ait apparu en lui, plus douce, plus naïve dans son afféterie, plus mélodieuse que l'ancienne. Et il n'y a pas jusqu'à la scène des deux sœurs, au début du quatrième acte, qui, si naturelle et si musicale tout ensemble, n'atteste encore l'étonnant rajeunissement du poète sexagénaire.

Mais l'honneur principal de cette tragédie revient de droit à Molière. Lui seul en a conçu l'idée, et tracé tout le plan. Le sujet lui était bien fourni par La Fontaine, qui n'avait fait lui-même qu'imiter, dans une langue charmante, le célèbre récit d'Apulée. Mais encore fallait-il remanier ce sujet au point de vue du théâtre, et notamment amener d'une façon nouvelle la première séparation de l'Amour et de Psiché. Car il n'était guère possible de transporter à la scène la version d'Apulée, suivant laquelle Psiché n'avait jamais vu son amant jusqu'à la nuit fatale où, malgré sa défense, elle alluma une lampe pour le regarder endormi. Nous aurions perdu, à ce compte, toutes les scènes d'amour de la pièce, et les beaux vers que Corneille nous y a prodigués. Tandis que la version imaginée par Molière donne à la vieille légende une parfaite vie dramatique, sans lui rien ôter de son sens profond. C'est toujours la curiosité qui cause le malheur de Psiché, mais une curiosité plus indiscrète, plus *curieuse*, et certes plus punissable, que celle qui porterait une femme à vouloir connaître les traits de son mari. Telle que nous la montre Molière, Psiché n'est pas seulement une âme désireuse de savoir ; c'est une femme, une vraie femme, avide du plaisir défendu, et prête à sacrifier le bonheur de sa vie pour un vain caprice d'un moment. La Psiché de Molière, n'est-ce point déjà Elsa, telle que l'a créée Wagner dans son *Lohengrin*, avec ses exquises faiblesses et sa malice ingénue ? Et quels admirables prétextes elle invente, pour se justifier à soi-même sa curiosité ! Le génie d'observation de Molière y apparaît tout entier, sous le magnifique manteau de la poésie de Corneille.

Le même génie se retrouve, au reste, dans mainte autre scène de la pièce : mais nulle part aussi vif avec une nuance d'amertume, sauf peut-être dans les scènes des deux sœurs, qui font du premier acte de *Psiché* comme une comédie précédant un drame. Ici tout est de Molière, l'invention, les pensées et les vers. Et si les vers n'ont point l'harmonie, ni la richesse d'images, ni la douceur langoureuse de ceux de Corneille, comme ils sont en revanche rapides et légers, heureusement appropriés aux sentiments qu'ils expriment !

Le poème de *Psiché* aurait suffi, à lui seul, pour assurer le succès de la pièce : mais Molière voulut y joindre encore tous les artifices de la mise en scène la plus somptueuse, et ses contemporains s'accordent à vanter la pompe sans pareille de ces représentations, qui, après avoir diverti la cour plusieurs fois de suite, firent courir tout Paris au théâtre du Palais-Royal. Ecoutez plutôt Robinet :

> *Le dix-sept de ce mois, tout juste,*
> *Ce ballet pompeux, grand, auguste,*
> *Fut, pour le premier coup, dansé*
> *En ce vaste salon, dressé*
> *Dans le palais des Tuileries*
> *Pour les royales mômeries*
> *Avec tant de grands ornemens*
> *Si merveilleux et si charmans,*
> *Tant de colonnes, de pilastres,*
> *Valans plusieurs mille piastres,*
> *Tant de niches, tant de balcons,*
> *Et depuis son brillant plat-fond*
> *Jusques en bas tant de peintures,*
> *D'enrichissemens et dorures,*
> *Que l'on croit, sur la foi des yeux,*
> *Être en quelque canton des cieux.*

Et Robinet passe ensuite, sur le même ton, à l'énumération des divers acteurs qui tenaient les rôles de la pièce : mais j'avoue que je n'ai pas le courage de citer plus longtemps cette littérature cocasse, et qui aurait déconcerté le maître de philosophie du *Bourgeois gentilhomme*, car ce n'est, vraiment, ni de la prose ni des vers. Voici donc, en vulgaire prose, la première distribution des rôles de *Psiché* :

On a vu déjà que Molière avait destiné à sa femme le personnage principal. Lui-même s'était réservé celui de Zéphire ; et de là vient sans doute qu'il avait tenu à écrire de sa main la première scène du troisième acte, la seule où Zéphire joue un rôle important. Lorsque la pièce fut donnée au Palais-Royal, Molière se fit remplacer une ou deux fois, dans Zéphire, par la petite du Croisy, dont Robinet nous dit, le 3 octobre 1671, qu'elle avait quatorze ans, tandis qu'il ne lui attribuait que dix ans tout au plus deux mois auparavant.

Les deux méchantes sœurs de Psiché, c'étaient Mlle Beauval et Mlle Marotte. La Thorillière faisait le Roi, père de Psiché, Hubert et la Grange les deux princes amoureux. Vénus était jouée par Mlle de Brie, le modèle supposé de l'Eliante du *Misanthrope*. Enfin le rôle de l'Amour fut donné à Baron, alors tout jeune, et pour qui l'on sait que Molière s'était pris d'une paternelle amitié. Un libelle célèbre, mais d'ailleurs dépourvu de toute autorité, *les Intrigues de Molière et de sa femme, ou la Fameuse Comédienne*, raconte à ce propos que Mademoiselle Molière, à force de recevoir sur la scène les déclarations d'amour de Baron, s'était mise à l'aimer tout de bon, et qu'ainsi *Psiché* avait eu pour le ménage de Molière les plus fâcheuses conséquences. Mais M. Paul Mesnard, dans l'excellente notice qu'il a consacrée à *Psiché*, a clairement démontré l'invraisemblance de cette légende : « Baron, dit-il, que l'on représente comme se vantant déjà de ses nombreuses conquêtes, était alors bien jeune pour faire ce personnage d'un Moncade. Il pouvait sans doute s'enflammer pour une femme beaucoup plus âgée que lui, et nous n'assurerions pas qu'il fût incapable de trahir son bienfaiteur ; mais un cœur si vaniteux oublie moins vite les injures que les devoirs de la reconnaissance : et le soufflet donné, il y a quatre ans, par Mademoiselle Molière lui avait laissé un long retentissement. Après avoir consenti à jouer le rôle de Myrtil dans *Mélicerte*, il avait voulu entrer dans la troupe de la Raisin ; et le boudeur ne s'était prêté à son rappel dans celle de Molière qu'à Pâques 1670, quelques mois avant les répétitions de *Psiché*. Sa rancune alors était probablement mal désarmée. Si l'on veut cependant que les beaux yeux de Mademoiselle Molière lui aient fait oublier une haine qui avait été si persistante, il faudrait encore admettre l'aveuglement extraordinaire de Molière, qui n'aurait eu aucun soupçon de la plus perfide ingratitude, puisque son attachement pour le jeune comédien ne paraît pas s'être démenti. »

Après cela, dans la vie comme dans les comédies, il y a des femmes bien adroites, et des maris bien aveugles! Mais encore faudrait-il, pour nous faire prendre au sérieux une accusation aussi grave, une autre autorité que celle d'un méchant libelle, — œuvre, sans doute, d'une comédienne moins *fameuse* que Mademoiselle Molière, et enchantée de pouvoir ainsi discréditer sa rivale. Or d'autre autorité, fort heureusement, il ne s'en trouve point trace : pas un seul des écrivains du temps ne laisse entendre un seul mot qui confirme l'assertion de la *Fameuse Comédienne*. Tenons donc cette assertion pour une pure calomnie, et sur le compte de Mademoiselle Molière croyons-en plutôt Molière lui-même : « Cette femme, disait-il, cent fois plus raisonnable que je ne le suis, veut jouir agréablement de la vie. Elle va son chemin, et, assurée par son innocence, elle dédaigne de s'assujettir aux précautions que je lui demande. Je prends cette négligence pour du mépris ; je voudrais des marques d'amitié pour croire que l'on en a pour moi, et que l'on eût plus de justesse dans sa conduite pour que j'eusse l'esprit tranquille. Mais ma femme, toujours égale et libre dans la sienne, qui serait exempte de tout soupçon pour tout homme moins inquiet que je ne le suis, me laisse impitoyablement dans mes peines ; et occupée seulement du désir de plaire en général comme toutes les femmes, sans avoir de dessein particulier, elle rit de ma faiblesse. »

Je sais que Grimarest, qui rapporte ces paroles de Molière, n'est pas, lui non plus, d'une autorité très solide : mais dans ce cas particulier son témoignage a bien des chances d'être vrai. Et non seulement Molière, au moment de *Psiché*, était loin d'avoir le moindre soupçon d'une infidélité de sa femme, mais c'est à ce moment qu'il consentait enfin, après six ans de séparation, à se réconcilier avec elle. Depuis 1665, en effet, les deux époux avaient formellement décidé « qu'ils n'auraient plus d'habitude ensemble » : et la rupture avait duré jusqu'en 1671, où, sur les instances de Chapelle et du marquis de Jonzac, Molière et sa femme reprirent leur vie conjugale. Quelques mois après Mademoiselle Molière se trouva enceinte : et tout porte à croire que, depuis lors, son mari n'eut plus même à se plaindre de ses coquetteries.

Mais revenons à *Psiché*, où Mademoiselle Molière se montrait au Roi et au public dans cinq costumes différents, « un par acte »; c'est un homme de loi qui nous le dit, dans l'inventaire dressé après la mort de Molière. Transportée le 24 juillet 1671 au Palais-Royal, la pièce y eut cette année-là trente-huit représentations; elle en eut vingt et une en 1672, et dix dans le seul mois de janvier 1673. La mort même de Molière n'en ralentit point le succès : et *Psiché* resta au répertoire jusqu'en 1715. Elle en disparut en même temps que disparaissait d'une scène plus vaste le grand Roi pour le divertissement de qui elle avait été faite. Maintes fois, depuis lors, on s'est efforcé de la ressusciter au théâtre; mais sans doute la marque de son temps y était trop forte, et aucune des reprises qu'on en a tentées ne paraît avoir retrouvé le succès de jadis. C'est aux seuls lecteurs que s'adresse désormais la *Psiché* de Molière; aussi bien leur offre-t-elle un plus magnifique spectacle que tous ceux que pourraient combiner les plus adroits machinistes, le spectacle d'une aimable féerie idéale, éclatante de couleur et de poésie, et comme parfumée d'une jeunesse immortelle.

T. DE WYZEWA.

PSICHE

TRAGEDIE-BALLET

Maurice Leloir inv.   Emile Testard, Éditeur.   Géry-Bichard sc.

PSICHÉ

Imp. Sorembourg, Paris.

PSICHE

TRAGEDIE-BALLET

PAR

J.B.P. MOLIERE

Et se vend pour l'Auteur.

A PARIS

CHEZ PIERRE LE MONNIER, AU PALAIS,
VIS A VIS LA PORTE DE L'EGLISE DE LA S.CHAPELLE.
A L'IMAGE S.LOUIS, ET AU FEU DIVIN.

M.DC.LXXI.
AVEC PRIVILEGE DU ROY.

LE LIBRAIRE

AU LECTEUR

Cet ouvrage n'est pas tout d'une main. M. Quinault a fait les Paroles qui s'y chantent en Musique, à la réserve de la Plainte Italienne. M. de Molière a dressé le Plan de la Pièce, et réglé la disposition, où il s'est plus attaché aux beautez et à la pompe du Spectacle qu'à l'exacte régularité. Quant à la versification, il n'a pas eu le loisir de la faire entière. Le Carnaval approchoit, et les ordres pressans du Roy, qui vouloit se donner ce magnifique Divertissement plusieurs fois avant le Caresme, l'ont mis dans la nécessité de souffrir un peu de secours. Ainsi il n'y a que le Prologue, le Premier Acte, la Première Scène du Second et la Première du Troisième, dont les vers soient de luy. M. Corneille l'aisné a employé une quinzaine au reste, et, par ce moyen, Sa Majesté s'est trouvée servie dans le temps qu'Elle l'avoit ordonné.

ACTEURS

JUPITER.
VÉNUS.
L'AMOUR.
ÆGIALE ⎫
PHÆNE ⎭ Grâces.
PSICHE
LE ROY, Père de Psiché.
AGLAURE ⎫
CIDIPPE ⎭ Sœurs de Psiché.
CLÉOMÈNE ⎫ Princes, Amours
AGÉNOR ⎭ de Psiché.
LE ZÉPHIRE.
LYCAS.
LE DIEU D'UN FLEUVE.

PSICHE
TRAGEDIE-BALLET

VENUS
Cybèle, Cybèle pour moy
tous vos desirs s'allongent.

PROLOGUE

La Scène représente, sur le devant, un Lieu champestre et, dans l'enfon-
cement, un Rocher percé à jour, à travers duquel on voit la Mer en éloignement. Flore paroist au milieu du Théâtre, accompagnée de Vertumne,
Dieu des Arbres et des Fruits, et de Palæmon, Dieu des Eaux. Chacun de
ces Dieux conduit une Troupe de Divinitez. L'un mène à sa suite des
Dryades et des Sylvains, et l'autre des Dieux des Fleuves et des Nayades.

Flore chante ce Récit pour inviter Vénus à descendre en Terre :

E n'est plus le temps de la Guerre;
Le plus puissant des Rois
Interrompt ses Explois,
Pour donner la Paix à la Terre.

Descendez, Mère des Amours;
Venez nous donner de beaux
jours.

Vertumne et Palæmon, avec les Divinitez qui les accompagnent, joignent leurs voix à celle de Flore et chantent ces paroles :

CHŒUR DES DIVINITEZ DE LA TERRE ET DES EAUX
composé de Flore, Nymphes, Palæmon, Vertumne, Sylvains, Faunes, Dryades et Nayades :

Nous goustons une paix profonde ;
Les plus doux jeux sont icy-bas ;
On doit ce repos, plein d'appas,
    Au plus grand Roy du Monde.

Descendez, Mère des Amours ;
Venez nous donner de beaux jours.

Il se fait ensuite une Entrée de Ballet, composée de deux Dryades, quatre Sylvains, deux Fleuves et deux Nayades, après laquelle Vertumne et Palæmon chantent ce Dialogue :

VERTUMNE
Rendez-vous, Beautez cruelles ;
Soûpirez à vostre tour ;

PALÆMON
Voicy la Reyne des Belles,
Qui vient inspirer l'amour.

VERTUMNE
Un bel Objet toujours sévère
Ne se fait jamais bien aimer ;

PALÆMON
C'est la beauté qui commence de plaire,

Mais la douceur achève de charmer ;

Ils répètent ensemble ces derniers Vers :

C'est la beauté qui commence de plaire,
Mais la douceur achève de charmer.

VERTUMNE

Souffrons tous qu'Amour nous blesse ;
Languissons, puisqu'il le faut ;

PALÆMON

Que sert un cœur sans tendresse ?
Est-il un plus grand défaut ?

VERTUMNE

Un bel Objet toujours sévère
Ne se fait jamais bien aimer ;

PALÆMON

C'est la beauté qui commence de plaire,
Mais la douceur achève de charmer.

FLORE *répond au Dialogue de Vertumne et Palæmon par ce Menuet,
et les autres Divinitez y meslent leurs Dances :*

Est-on sage,
Dans le bel âge,
Est-on sage
De n'aimer pas ?
Que, sans cesse,
L'on se presse

De gouster les plaisirs icy-bas;
La sagesse
De la Jeunesse,
C'est de savoir joüir de ses appas.

L'Amour charme
Ceux qu'il désarme;
L'Amour charme,
Cédons-luy tous.
Nostre peine
Seroit vaine
De vouloir résister à ses coups;
Quelque chaîne
Qu'un Amant prenne,
La liberté n'a rien qui soit si doux.

Vénus descend du Ciel, dans une grande Machine, avec l'Amour, son fils, et deux petites Grâces, nommées Ægialé et Phaéné, et les Divinitez de la Terre et des Eaux recommencent de joindre toutes leurs voix et continuent, par leurs Dances, de luy témoigner la joye qu'elles ressentent à son abord.

CHŒUR DE TOUTES LES DIVINITEZ DE LA TERRE ET DES EAUX

Nous goustons une Paix profonde;
Les plus doux Jeux sont icy-bas;
On doit ce repos, plein d'appas,
Au plus grand Roy du Monde.

Descendez, Mère des Amours ;
Venez nous donner de beaux jours.

VÉNUS, *dans sa Machine.*

Cessez, cessez pour moy tous vos chants d'allégresse ;
De si rares honneurs ne m'appartiennent pas,
Et l'hommage, qu'icy vostre bonté m'adresse,
Doit estre réservé pour de plus doux appas.

C'est une trop vieille méthode
De me venir faire sa Cour ;
Toutes les choses ont leur tour,
Et Vénus n'est plus à la mode.
Il est d'autres attraits naissans,
Où l'on va porter ses encens.

Psiché, Psiché la Belle, aujourd'huy tient ma place ;
Déjà tout l'Univers s'empresse à l'adorer,
Et c'est trop que, dans ma disgrâce,
Je trouve encor quelqu'un qui me daigne honorer.

On ne balance point entre nos deux mérites,
A quitter mon party tout s'est licencié,
Et, du nombreux amas de Grâces favorites
Dont je traisnois par tout les soins et l'amitié,
Il ne m'en est resté que deux des plus petites,
Qui m'accompagnent par pitié.

XXVII.   2

Souffrez que ces Demeures sombres
Prestent leur solitude aux troubles de mon cœur,
Et me laissez, parmy leurs Ombres,
Cacher ma honte et ma douleur.

Flore et les autres Déitez se retirent, et Vénus avec sa Suite sort de sa Machine.

ÆGIALÈ

Nous ne sçavons, Déesse, comment fáire,
Dans ce chagrin qu'on voit vous accabler;
Nostre respect veut se taire,
Nostre zèle veut parler.

VÉNUS

Parlez; mais, si vos soins aspirent à me plaire,
Laissez tous vos conseils pour une autre saison;
Et ne parlez de ma colère
Que pour dire que j'ay raison.
C'estoit là, c'estoit là la plus sensible offence
Que ma Divinité pût jamais recevoir;
Mais j'en auray la vangeance,
Si les Dieux ont du pouvoir.

PHAÈNÈ

Vous avez plus que nous de clartez, de sagesse
Pour juger ce qui peut estre digne de vous;
Mais, pour moy, j'aurois crû qu'une grande Déesse
Devroit moins se mettre en couroux.

VÉNUS

Et c'est là la raison de ce couroux extrême.

Plus mon rang a d'éclat, plus l'affront est sanglant,
Et, si je n'estois pas dans ce degré suprême,
Le dépit de mon cœur seroit moins violent.
Moi, la Fille du Dieu qui lance le Tonnerre ;
            Mère du Dieu qui fait aimer ;
Moy, les plus doux souhaits du Ciel et de la Terre,
Et qui ne suis venue au jour que pour charmer ;
            Moy qui, par tout ce qui respire,
Ay veu de tant de vœux encenser mes Autels,
Et qui, de la Beauté, par des droicts immortels,
Ay tenu de tout temps le souverain Empire ;
Moy, dont les yeux ont mis deux grandes Déitez
Au point de me céder le prix de la plus belle,
Je me voy ma victoire et mes droicts disputez
            Par une chétive Mortelle ?
Le ridicule excès d'un fol entestement
Va jusqu'à m'opposer une petite Fille ?
Sur ses traits et les miens j'essuyray constamment
            Un téméraire jugement,
            Et, du haut des Cieux, où je brille,
J'entendray prononcer aux Mortels prévenus :
            « Elle est plus belle que Vénus ! »

ÆGIALÈ

Voilà comme l'on fait ; c'est le style des Hommes ;
Ils sont impertinens dans leurs comparaisons ;

PHAÈNÈ

Ils ne sçauroient loüer, dans le siècle où nous sommes,
Qu'ils n'outragent les plus grands noms.

VÉNUS

Ah, que de ces trois mots la rigueur insolente
Vange bien Junon et Pallas,
Et console leurs cœurs de la gloire éclatante
Que la fameuse Pomme acquit à mes appas !
Je les voy s'applaudir de mon inquiétude,
Affecter à toute heure un ris malicieux,
Et, d'un fixe regard, chercher avec étude
Ma confusion dans mes yeux,
Leur triomphante joye, au fort d'un tel outrage,
Semble me venir dire, insultant mon courroux :
« Vante, vante, Vénus, les traits de ton visage ;
« Au jugement d'un seul tu l'emportas sur nous,
« Mais, par le jugement de tous,
« Une simple Mortelle a sur toy l'avantage. »
Ah, ce coup-là m'achève, il me perce le cœur ;
Je n'en puis plus souffrir les rigueurs sans égales,
Et c'est trop de surcroist à ma vive douleur
Que le plaisir de mes Rivales !
Mon Fils, si j'eus jamais sur toy quelque crédit,
Et si jamais je te fus chère,
Si tu portes un cœur à sentir le dépit

Qui trouble le cœur d'une Mère
Qui si tendrement te chérit,
Employe, employe icy l'effort de ta puissance
A soutenir mes intérests,
Et fais à Psiché, par tes traits,
Sentir les traits de ma vangeance.
Pour rendre son cœur malheureux,
Prens celuy de tes traits le plus propre à me plaire,
Le plus empoisonné de ceux
Que tu lances dans ta colère.
Du plus bas, du plus vil, du plus affreux Mortel,
Fais que, jusqu'à la rage, elle soit enflâmée,
Et qu'elle ait à souffrir le supplice cruel
D'aimer, et n'estre point aimée.

L'AMOUR

Dans le Monde on n'entend que plaintes de l'Amour;
On m'impute par tout mille fautes commises,
Et vous ne croiriez point le mal et les sottises
Que l'on dit de moy chaque jour.
Si, pour servir vostre colère...

VÉNUS

Va, ne résiste point aux souhaits de ta Mère;
N'applique tes raisonnemens
Qu'à chercher les plus prompts momens
De faire un sacrifice à ma gloire outragée.

Pars, pour toute réponse à mes empressemens,
Et ne me revoy point que je ne sois vangée.

L'Amour s'envole et Vénus se retire avec les Grâces.

La Scène est changée en une grande Ville, où l'on découvre, des deux costez, des Palais
et des Maisons, de diférens Ordres d'Architecture.

ACTE PREMIER

SCÈNE PREMIÈRE

AGLAURE, CIDIPPE

AGLAURE

L est des maux, ma Sœur,
 que le silence aigrit ;
Laissons, laissons parler mon
 chagrin et le vostre,
Et de nos cœurs, l'un à l'autre,
Exhalons le cuisant dépit.
Nous nous voyons Sœurs
 d'infortune ;

Et la vostre et la mienne ont un si grand rapport
Que nous pouvons mesler toutes les deux en une,

Et, dans nostre juste transport,
Murmurer, à plainte commune,
Des cruautez de nostre sort.
Quelle Fatalité secrette,
Ma Sœur, soûmet tout l'Univers
Aux attraits de nostre Cadette,
Et, de tant de Princes divers
Qu'en ces lieux la Fortune jette,
N'en présente aucun à nos fers ?
Quoy, voir de toutes parts, pour luy rendre les armes,
Les cœurs se précipiter,
Et passer devant nos charmes,
Sans s'y vouloir arrester !
Quel sort ont nos yeux en partage,
Et qu'est-ce qu'ils ont fait aux Dieux
De ne joüir d'aucun hommage,
Parmy tous ces tributs de soûpirs glorieux
Dont le superbe avantage
Fait triompher d'autres yeux ?
Est-il pour nous, ma Sœur, de plus rude disgrâce
Que de voir tous les cœurs mépriser nos appas,
Et l'heureuse Psiché joüir avec audace
D'une foule d'Amans attachez à ses pas ?

CIDIPPE

Ah, ma Sœur, c'est une avanture

A faire perdre la raison,
Et tous les maux de la Nature
Ne sont rien en comparaison.

AGLAURE

Pour moy, j'en suis souvent jusqu'à verser des larmes;
Tout plaisir, tout repos, par là m'est arraché;
Contre un pareil malheur ma confiance est sans armes;
Toujours à ce chagrin mon esprit attaché
Me tient devant les yeux la honte de nos charmes,
    Et le triomphe de Psiché.
La nuit, il m'en repasse une idée éternelle
        Qui sur toute chose prévaut;
Rien ne me peut chasser cette image cruelle,
Et, dès qu'un doux sommeil me vient délivrer d'elle,
        Dans mon esprit, aussi-tost,
        Quelque Songe la rappelle,
        Qui me réveille en sursaut.

CIDIPPE

    Ma Sœur, voilà mon martire;
    Dans vos discours je me voy,
    Et vous venez là de dire
    Tout ce qui se passe en moy.

AGLAURE

Mais encor, raisonnons un peu sur cette affaire.
    XXVII.   3

Quels charmes si puissans en elle sont épars,
Et par où, dites-moy, du grand secret de plaire
L'honneur est-il acquis à ses moindres regards ?
      Que voit-on, dans sa personne,
      Pour inspirer tant d'ardeurs ?
      Quel droit de beauté lui donne
      L'Empire de tous les cœurs ?
Elle a quelques attraits, quelque éclat de jeunesse ;
On en tombe d'accord, je n'en disconviens pas ;
Mais luy cède-t-on fort pour quelque peu d'aisnesse,
      Et se voit-on sans appas ?
Est-on d'une figure à faire qu'on se raille ?
N'a-t-on point quelques traits, et quelques agrémens,
Quelque teint, quelques yeux, quelque air et quelque taille
A pouvoir dans nos fers jetter quelques Amans ?
      Ma Sœur, faites-moy la grâce
      De me parler franchement ;
Suis-je faite d'un air, à vostre jugement,
Que mon mérite au sien doive céder la place,
      Et, dans quelque ajustement,
      Trouvez-vous qu'elle m'efface ?

CIDIPPE

      Qui, vous, ma Sœur ? Nullement,
      Hier à la Chasse, près d'elle,
      Je vous regarday longtemps,

Et, sans vous donner d'encens,
Vous me parustes plus belle.
Mais, moy, dites, ma Sœur, sans me vouloir flater,
Sont-ce des visions que je me mets en teste,
Quand je me croy taillée à pouvoir mériter
La gloire de quelque conqueste ?

AGLAURE

Vous, ma Sœur ? Vous avez, sans nul déguisement,
Tout ce qui peut causer une amoureuse flâme ;
Vos moindres actions brillent d'un agrément
Dont je me sens toucher l'âme,
Et je serois vostre Amant
Si j'estois autre que Femme.

CIDIPPE

D'où vient donc qu'on la voit l'emporter sur nous deux,
Qu'à ses premiers regards les cœurs rendent les armes,
Et que d'aucun tribut de soûpirs et de vœux
On ne fait honneur à nos charmes ?

AGLAURE

Toutes les Dames, d'une voix,
Trouvent ses attraits peu de chose,
Et, du nombre d'Amans qu'elle tient sous ses loix,
Ma Sœur, j'ay découvert la cause.

CIDIPPE

Pour moy, je la devine, et l'on doit présumer

Qu'il faut que là-dessous soit caché du mistère.
Ce secret de tout enflâmer
N'est point de la Nature un effet ordinaire;
L'Art de la Thessalie entre dans cette affaire,
Et quelque main a sçeu, sans doute, luy former
Un Charme pour se faire aimer.

AGLAURE

Sur un plus fort appuy ma croyance se fonde,
Et le Charme qu'elle a pour attirer les cœurs,
C'est un air, en tout temps, désarmé de rigueurs;
Des regards caressans, que la bouche seconde;
Un soûris, chargé de douceurs,
Qui tend les bras à tout le monde
Et ne vous promet que faveurs.
Nostre gloire n'est plus aujourd'huy conservée,
Et l'on n'est plus au temps de ces nobles fiertez,
Qui, par un digne essay d'illustres cruautez,
Vouloient voir d'un Amant la constance éprouvée.
De tout ce noble orgueil, qui nous seyoit si bien,
On est bien descendu dans le Siècle où nous sommes,
Et l'on en est réduite à n'espérer plus rien
A moins que l'on se jette à la teste des Hommes.

CIDIPPE

Ouy, voilà le secret de l'affaire, et je voy
Que vous le prenez mieux que moy.

C'est pour nous attacher à trop de bienséance
Qu'aucun Amant, ma Sœur, à nous ne veut venir ;
　　　　Et nous voulons trop soûtenir
L'honneur de nostre Sexe, et de nostre naissance.
Les Hommes, maintenant, aiment ce qui leur rit ;
L'espoir, plus que l'amour, est ce qui les attire,
　　　　Et c'est par là que Psiché nous ravit
　　　　Toùs les Amans qu'on voit sous son empire.
Suivons, suivons l'exemple ; ajustons-nous au temps ;
Abaissons-nous, ma Sœur, à faire des avances ;
Et ne ménageons plus de tristes bienséances
Qui nous ostent les fruits du plus beau de nos ans.

AGLAURE

J'approuve la pensée, et nous avons matière
　　　　D'en faire l'épreuve première
Aux deux Princes qui sont les derniers arrivez.
Ils sont charmans, ma Sœur, et leur personne entière
　　　　Me... Les avez-vous observez ?

CIDIPPE

Ah, ma Sœur, ils sont faits tous deux d'une manière
Que mon âme... Ce sont deux Princes achevez.

AGLAURE

Je trouve qu'on pourroit rechercher leur tendresse
　　　　Sans se faire des-honneur ;

CIDIPPE

Je trouve que, sans honte, une belle Princesse
                Leur pourroit donner son cœur.

SCÈNE II

CLÉOMÈNE, AGÉNOR, AGLAURE, CIDIPPE

AGLAURE

Les voicy tous deux, et j'admire
Leur air et leur ajustement;

CIDIPPE

Ils ne démentent nullement
Tout ce que nous venons de dire.

AGLAURE

D'où vient, Princes, d'où vient que vous fuyez ainsy ?
Prenez-vous l'épouvante en nous voyant paroistre ?

CLÉOMÈNE

On nous faisoit croire qu'icy
La Princesse Psiché, Madame, pourroit estre.

AGLAURE

Tous ces lieux n'ont-ils rien d'agréable pour vous
Si vous ne les voyez ornez de sa présence ?

AGÉNOR

Ces lieux peuvent avoir des charmes assez doux ;
Mais nous cherchons Psiché dans nostre impatience.

CIDIPPE

Quelque chose de bien pressant
Vous doit, à la chercher, pousser tous deux, sans doute.

CLÉOMÈNE

Le motif est assez puissant,
Puisque notre fortune enfin en dépend toute.

AGLAURE

Ce seroit trop à nous que de nous informer
Du secret que ces mots nous peuvent enfermer ?

CLÉOMÈNE

Nous ne prétendons point en faire de mistère ;
Aussi bien, malgré nous, paroistroit-il au jour,
Et le secret ne dure guère,
Madame, quand c'est de l'amour.

CIDIPPE

Sans aller plus avant, Princes, cela veut dire
Que vous aimez Psiché tous deux ;

AGÉNOR

Tous deux soumis à son empire,
Nous allons, de concert, luy découvrir nos feux.

AGLAURE

C'est une nouveauté, sans doute assez bizarre,
    Que deux Rivaux si bien unis ;

CLÉOMÈNE

    Il est vray que la chose est rare,
Mais non pas impossible à deux parfaits Amis.

CIDIPPE

Est-ce que dans ces lieux il n'est qu'elle de belle,
Et n'y trouvez-vous point à séparer vos vœux ?

AGLAURE

Parmi l'éclat du Sang, vos yeux n'ont-ils veu qu'elle
    A pouvoir mériter vos feux ?

CLÉOMÈNE

Est-ce que l'on consulte au moment qu'on s'enflâme ?
    Choisit-on qui l'on veut aimer ?
    Et, pour donner toute son âme,
Regarde-t-on quel droit on a de nous charmer ?

AGÉNOR

    Sans qu'on ait le pouvoir d'élire,
    On suit, dans une telle ardeur,
    Quelque chose qui nous attire,
    Et, lorsque l'Amour touche un cœur,
    On n'a point de raison à dire.

AGLAURE

En vérité, je plains les fâcheux embarras
        Où je vois que vos cœurs se mettent;
Vous aimez un objet, dont les rians appas
Mesleront des chagrins à l'espoir qu'ils vous jettent,
        Et son cœur ne vous tiendra pas
        Tout ce que ses yeux vous promettent.

CIDIPPE

L'espoir, qui vous appelle au rang de ses Amans,
Trouvera du méconte aux douceurs qu'elle étale,
Et c'est, pour essuyer de très fâcheux momens,
Que les soudains retours de son âme inégale;

AGLAURE

Un clair discernement de ce que vous valez
Nous fait plaindre le Sort où cet Amour vous guide,
Et vous pouvez trouver, tous deux, si vous voulez,
Avec autant d'attraits, une âme plus solide;

CIDIPPE

        Par un choix plus doux de moitié
Vous pouvez de l'Amour sauver vostre amitié,
Et l'on voit, en vous deux, un mérite si rare
Qu'un tendre avis veut bien prévenir, par pitié,
        Ce que vostre cœur se prépare.

XXVII.   4

CLÉOMÈNE

Cet avis généreux fait, pour nous, éclater
        Des bontez qui nous touchent l'âme ;
Mais le Ciel nous réduit à ce malheur, Madame,
        De ne pouvoir en profiter ;

AGÉNOR

Vostre illustre pitié veut en vain nous distraire
D'un amour, dont tous deux nous redoutons l'effet ;
Ce que nostre amitié, Madame, n'a pas fait,
        Il n'est rien qui le puisse faire.

CIDIPPE

Il faut que le pouvoir de Psiché... La voicy...

SCÈNE III

PSICHÉ, CIDIPPE, AGLAURE, CLÉOMÈNE, AGÉNOR

CIDIPPE

Venez joüir, ma Sœur, de ce qu'on vous apreste ;

AGLAURE

Préparez vos attraits à recevoir icy
Le triomphe nouveau d'une illustre conqueste ;

CIDIPPE

Ces Princes ont tous deux si bien senty vos coups
Qu'à vous le découvrir leur bouche se dispose.

PSICHÉ

Du sujet, qui les tient si resveurs parmy nous,
Je ne me croyois pas la cause,
Et j'aurois crû tout autre chose
En les voyant parler à vous.

AGLAURE

N'ayant ny beauté, ny naissance
A pouvoir mériter leur amour et leurs soins,
Ils nous favorisent au moins
De l'honneur de la confidence.

CLÉOMÈNE

L'aveu, qu'il nous faut faire à vos divins appas,
Est, sans doute, Madame, un aveu téméraire ;
Mais tant de cœurs près du trépas
Sont, par de tels aveus, forcez à vous déplaire
Que vous estes réduite à ne les punir pas
Des foudres de vostre colère.
Vous voyez en nous deux Amis,
Qu'un doux rapport d'humeurs sçeut joindre dès l'enfance,
Et ces tendres liens se sont veus affermis
Par cent combats d'estime et de reconnoissance.
Du Destin ennemy les assauts rigoureux,
Les mépris de la mort et l'aspect des supplices,
Par d'illustres éclats de mutuels offices

Ont de nostre amitié signalé les beaux nœuds ;
Mais, à quelques essais qu'elle se soit trouvée,
    Son grand triomphe est en ce jour,
Et rien ne fait tant voir sa constance éprouvée
Que de se conserver au milieu de l'Amour.
Oüy, malgré tant d'apas, son illustre constance
Aux Loix qu'elle nous fait a soûmis tous nos vœux ;
Elle vient, d'une douce et pleine déférence,
Remettre à vostre choix le succès de nos feux,
Et, pour donner un poids à nostre concurrence
Qui des raisons d'Estat entraisne la balance
    Sur le choix de l'un de nous deux,
Cette mesme amitié s'offre, sans répugnance,
D'unir nos deux Estats au sort du plus heureux.

AGÉNOR

    Oüy, de ces deux Estats, Madame,
Que sous vostre heureux choix nous nous offrons d'unir,
    Nous voulons faire à nostre flâme
    Un secours pour vous obtenir.
Ce que, pour ce bonheur, près du Roy, vostre Père,
    Nous nous sacrifions tous deux,
N'a rien de difficile à nos cœurs amoureux,
Et c'est au plus heureux faire un don nécessaire
    D'un Pouvoir, dont le malheureux,
    Madame, n'aura plus affaire.

PSICHÉ

Le choix que vous m'offrez, Princes, montre à mes yeux
De quoy remplir les vœux de l'âme la plus fière,
Et vous me le parez tous deux d'une manière
Qu'on ne peut rien offrir qui soit plus précieux.
Vos feux, vostre amitié, vostre vertu suprême,
Tout me relève en vous l'offre de vostre foy,
Et j'y vois un mérite à s'opposer luy-mesme
          A ce que vous voulez de moy.
Ce n'est pas à mon cœur qu'il faut que je défère
          Pour entrer sous de tels liens ;
Ma main, pour se donner, attend l'ordre d'un Père,
Et mes Sœurs ont des droits qui vont devant les miens.
Mais, si l'on me rendoit sur mes vœux absolue,
Vous y pourriez avoir trop de part à la fois,
Et toute mon estime, entre vous suspendue,
Ne pourroit sur aucun laisser tomber mon choix.
          A l'ardeur de vostre poursuite,
Je répondrois assez de mes vœux les plus doux ;
          Mais c'est, parmy tant de mérite,
Trop que deux cœurs pour moy, trop peu qu'un cœur pour vous.
De mes plus doux souhaits j'aurois l'âme gesnée
          A l'effort de vostre amitié,
Et j'y vois l'un de vous prendre une Destinée
          A me faire trop de pitié.

Ouy, Princes, à tous ceux dont l'amour suit le vostre,
Je vous préférerois tous deux avec ardeur,
    Mais je n'aurois jamais le cœur
De pouvoir préférer l'un de vous deux à l'autre.
    A celuy que je choisirois,
Ma tendresse feroit un trop grand sacrifice,
Et je m'imputerois à barbare injustice
    Le tort qu'à l'autre je ferois.
Oüy, tous deux vous brillez de trop de grandeur d'âme
    Pour en faire aucun malheureux,
Et vous devez chercher dans l'amoureuse flâme
    Le moyen d'estre heureux tous deux.
    Si vostre cœur me considère
Assez pour me souffrir de disposer de vous,
    J'ay deux Sœurs capables de plaire,
Qui peuvent bien vous faire un destin assez doux,
Et l'amitié me rend leur personne assez chère
    Pour vous souhaiter leurs Epoux.

CLÉOMÈNE

    Un cœur, dont l'amour est extrême,
    Peut-il bien consentir, hélas,
    D'estre donné par ce qu'il aime !
Sur nos deux cœurs, Madame, à vos divins appas
    Nous donnons un pouvoir suprême ;
    Disposez-en pour le trépas,

Mais pour une autre que vous-mesme
Ayez cette bonté de n'en disposer pas.

AGÉNOR

Aux Princesses, Madame, on feroit trop d'outrage,
Et c'est, pour leurs attraits, un indigne partage
Que les restes d'une autre ardeur.
Il faut d'un premier feu la pureté fidelle
Pour aspirer à cet honneur
Où vostre bonté nous appelle,
Et chacune mérite un cœur
Qui n'ait soupiré que pour elle.

AGLAURE

Il me semble, sans nul couroux,
Qu'avant que de vous en défendre,
Princes, vous deviez bien attendre
Qu'on se fust expliqué sur vous.
Nous croyez-vous un cœur si facile et si tendre,
Et, lors qu'on parle icy de vous donner à nous,
Sçavez-vous si l'on veut vous prendre ?

CIDIPPE

Je pense que l'on a d'assez hauts sentimens
Pour refuser un cœur qu'il faut qu'on sollicite,
Et qu'on ne veut devoir qu'à son propre mérite
La conqueste de ses Amans.

PSICHÉ

J'ay crû pour vous, mes Sœurs, une gloire assez grande
Si la possession d'un mérite si haut...

SCÈNE IV

LYCAS, PSICHÉ, AGLAURE, CIDIPPE
CLÉOMÈNE, AGÉNOR

LYCAS

Ah, Madame !

PSICHÉ

Qu'as-tu ?

LYCAS

Le Roy...

PSICHÉ

Quoy?

LYCAS

Vous demande.

PSICHÉ

De ce trouble si grand que faut-il que j'attende ?

LYCAS

Vous ne le sçaurez que trop tôt.

PSICHÉ

Hélas, que pour le Roy tu me donnes à craindre !

LYCAS

Ne craignez que pour vous ; c'est vous que l'on doit plaindre.

PSICHÉ

C'est pour loüer le Ciel, et me voir hors d'effroy
De sçavoir que je n'aye à craindre que pour moy.
Mais apren-moy, Lycas, le sujet qui te touche.

LYCAS

Souffrez que j'obéisse à qui m'envoye icy,
Madame, et qu'on vous laisse aprendre de sa bouche
Ce qui peut m'affliger ainsy.

PSICHÉ

Allons sçavoir sur quoy l'on craint tant ma foiblesse !

SCÈNE V

AGLAURE, CIDIPPE, LYCAS

AGLAURE

Si ton ordre n'est pas jusqu'à nous étendu,
Dy-nous quel grand malheur nous couvre ta tristesse.

LYCAS

Hélas, ce grand malheur dans la Cour répandu,
Voyez-le vous-mesme, Princesse,
Dans l'Oracle qu'au Roy les Destins ont rendu !

XXVII.   5

Voicy ses propres mots, que la douleur, Madame,
A gravez au fond de mon âme :

Que l'on ne pense nullement
A vouloir de Psiché conclure l'Hyménée,
Mais qu'au sommet d'un Mont elle soit promptement
En pompe funèbre menée ;
Et que, de tous abandonnée,
Pour Epoux elle attende en ces lieux, constamment,
Un Monstre, dont on a la vûe empoisonnée,
Un Serpent, qui répand son venin en tous lieux
Et trouble dans sa rage et la Terre et les Cieux.

Après un Arrest si sévère,
Je vous quitte, et vous laisse à juger, entre vous,
Si, par de plus cruels et plus sensibles coups,
Tous les Dieux nous pouvoient expliquer leur colère.

SCÈNE VI

AGLAURE, CIDIPPE

CIDIPPE.

Ma Sœur, que sentez-vous à ce soudain malheur
Où nous voyons Psiché par les Destins plongée ?

AGLAURE

Mais vous, que sentez-vous, ma Sœur ?

CIDIPPE

A ne vous point mentir, je sens que, dans mon cœur,
    Je n'en suis pas trop affligée.

AGLAURE

    Moy, je sens quelque chose au mien
    Qui ressemble assez à la joye.
    Allons ; le Destin nous envoye
Un mal, que nous pouvons regarder comme un bien.

CIDIPPE
Je sens que dans mon cœur
je ne suis pas trop affligé.

PREMIER INTERMÈDE

La scène est changée en des Rochers affreux et fait voir, en éloignement, une Grotte effroyable.

C'est dans ce Désert que Psiché doit estre exposée pour obéir à l'Oracle. Une Troupe de Personnes affligées y viennent déplorer sa disgrâce. Une partie de cette Troupe désolée témoigne sa pitié par des Plaintes touchantes et par des concerts lugubres, et l'autre exprime sa désolation par une Dance, pleine de toutes les marques du plus violent désespoir :

PLAINTES EN ITALIEN

Chantées par une Femme désolée et deux Hommes affligés.

FEMME *désolée.*

Deh, piangete al pianto mio,
Sassi duri, antiche Selve ;
Lagrimate, Fonti e Belue,
D'un bel volto il Fato rio.

Premier HOMME *affligé.*

Ahi, dolore !

Deuxième HOMME *affligé.*

Ahi, martire !

Premier HOMME *affligé.*

Cruda Morte !

Deuxième HOMME *affligé.*

Empia Sorte !

Tous Trois

Che condanni à morir tanta beltà ?
Cieli, Stelle ! Ahi, crudelta !

Deuxième HOMME *affligé.*

Com'esser puo fra voi, ô Numi eterni,
Chi voglia estinta una beltà innocente ?
Ahi ! Che tanto rigor, Cielo inclemente,
Vince di crudeltà gli stessi Inferni.

Premier HOMME *affligé.*

Nume fiero !

Deuxième HOMME *affligé.*

Dio severo !

Ensemble :

Perche tanto rigor
Contro innocente cor ?
Ahi, sentenza inudita,
Dar morte à la Beltà, ch'altrui dà vita !

FEMME *désolée.*

Ahi, ch'indarno si tarda ;
Non resiste à gli Dei mortale affetto,
Alto impero, ne sforza ;
Ove commanda il Ciel, l'Uom cede à forza.

Ahi dolore,
Etc., come supra.

Ces Plaintes sont entrecoupées et finies par une Entrée de Ballet
de huit Personnes affligées.

PSICHÉ
Adieu, Princesse,
Adieu pour la dernière fois.

ACTE II

SCÈNE PREMIÈRE

LE ROY, PSICHÉ, AGLAURE, CIDIPPE, LYCAS, *Suite.*

PSICHÉ

LE ROY
Je veux jusqu'au trépas
incessamment pleurer.

E vos larmes, Seigneur, la
source m'est bien chère ;
Mais c'est trop, aux bontez
que vous avez pour moy,
Que de laisser régner les
tendresses de Père
Jusques dans les yeux d'un
grand Roy.

Ce qu'on vous voit icy donner à la Nature

Au rang que vous tenez, Seigneur, fait trop d'injure,
Et j'en dois refuser les touchantes faveurs.
      Laissez moins sur vostre sagesse
      Prendre d'empire à vos douleurs,
Et cessez d'honorer mon destin par des pleurs
Qui, dans le cœur d'un Roy, montrent de la foiblesse.

LE ROY

Ah, ma Fille, à ces pleurs laisse mes yeux ouverts,
Mon deüil est raisonnable, encor qu'il soit extrême,
Et, lors que pour toûjours on perd ce que je perds,
La Sagesse, croy-moy, peut pleurer elle-mesme.
      En vain l'orgueil du Diadême
Veut qu'on soit insensible à ces cruels revers;
En vain de la Raison les secours sont offerts
Pour vouloir d'un œil sec voir mourir ce qu'on aime;
L'effort en est barbare aux yeux de l'Univers,
Et c'est brutalité plus que vertu suprême.
     Je ne veux point, dans cette adversité,
     Parer mon cœur d'insensibilité,
        Et cacher l'ennuy qui me touche;
       Je renonce à la vanité
        De cette dureté farouche
        Que l'on appelle fermeté,
     Et, de quelque façon qu'on nomme
Cette vive douleur dont je ressens les coups,

Je veux bien l'étaler, ma Fille, aux yeux de tous,
Et, dans le cœur d'un Roy, montrer le cœur d'un Homme.

PSICHÉ

Je ne mérite pas cette grande douleur ;
Opposez, opposez un peu de résistance
          Aux droits qu'elle prend sur un cœur
Dont mille événements ont marqué la puissance.
Quoy, faut-il que, pour moy, vous renonciez, Seigneur,
          A cette Royale constance
Dont vous avez fait voir, dans les coups du Malheur,
          Une fameuse expérience ?

LE ROY

La constance est facile en mille occasions.
          Toutes les révolutions
Où nous peut exposer la Fortune inhumaine,
La perte des grandeurs, les persécutions,
Le poison de l'Envie, et les traits de la Haine,
          N'ont rien que ne puissent, sans peine,
          Braver les résolutions
D'une âme où la Raison est un peu souveraine.
          Mais ce qui porte des rigueurs
          A faire succomber les cœurs
          Sous le poids des douleurs amères,
          Ce sont, ce sont les rudes traits
          De ces Fatalitez sévères,

Qui nous enlèvent pour jamais
Les Personnes qui nous sont chères.
La Raison, contre de tels coups,
N'offre point d'armes secourables,
Et voilà des Dieux en courroux
Les foudres les plus redoutables
Qui se puissent lancer sur nous.

PSICHÉ

Seigneur, une douceur icy vous est offerte;
Vostre hymen a reçeu plus d'un présent des Dieux,
Et, par une faveur ouverte,
Ils ne vous ostent rien, en m'ostant à vos yeux,
Dont ils n'ayent le soin de réparer la perte.
Il vous reste de quoy consoler vos douleurs,
Et cette Loy du Ciel, que vous nommez cruelle,
Dans les deux Princesses, mes Sœurs,
Laisse à l'amitié paternelle
Où placer toutes ses douceurs.

LE ROY

Ah, de mes maux soulagement frivole !
Rien, rien ne s'offre à moy qui de toy me console;
C'est sur mes déplaisirs que j'ay les yeux ouverts,
Et, dans un destin si funeste,
Je regarde ce que je perds,
Et ne voy point ce qui me reste.

PSICHÉ

Vous sçavez mieux que moy qu'aux volontez des Dieux,
    Seigneur, il faut régler les nostres,
Et je ne puis vous dire, en ces tristes Adieux,
Que ce que beaucoup mieux vous pouvez dire aux autres.
      Ces Dieux sont Maistres souverains
      Des présens qu'ils daignent nous faire ;
      Ils ne les laissent dans nos mains
      Qu'autant de temps qu'il peut leur plaire ;
      Lors qu'ils viennent les retirer,
      On n'a nul droit de murmurer
Des grâces que leur main ne veut plus nous étendre.
Seigneur, je suis un don qu'ils ont fait à vos vœux,
Et quand, par cet Arrest, ils veulent me reprendre,
Ils ne vous ostent rien que vous ne teniez d'eux,
Et c'est, sans murmurer, que vous devez me rendre.

LE ROY

    Ah, cherche un meilleur fondement
Aux consolations que ton cœur me présente,
Et, de la fausseté de ce raisonnement,
      Ne fais point un accablement
      A cette douleur si cuisante
      Dont je souffre icy le tourment.
Crois-tu là me donner une raison puissante,
Pour ne me plaindre point de cet Arrest des Cieux ?

Et, dans le procédé des Dieux
Dont tu veux que je me contente,
Une rigueur assassinante
Ne paroist-elle pas aux yeux ?
Voy l'état où ces Dieux me forcent à te rendre,
Et l'autre où te reçeut mon cœur infortuné ;
Tu connoistras par là qu'ils me viennent reprendre
        Bien plus que ce qu'ils m'ont donné.
    Je reçeus d'eux en toy, ma Fille,
Un présent que mon cœur ne leur demandoit pas ;
        J'y trouvois alors peu d'appas,
Et leur en vis, sans joye, accroistre ma Famille.
        Mais mon cœur, ainsi que mes yeux,
S'est fait de ce présent une douce habitude ;
J'ai mis quinze ans de soins, de veilles et d'étude,
        A me le rendre précieux ;
    Je l'ay paré de l'aimable richesse
        De mille brillantes vertus ;
En luy j'ay renfermé, par des soins assidus,
Tous les plus beaux trésors que fournit la Sagesse ;
A luy j'ay de mon âme attaché la tendresse ;
J'en ay fait de ce cœur le charme et l'allégresse,
La consolation de mes sens abbattus,
        Le doux espoir de ma vieillesse.
        Ils m'ostent tout cela, ces Dieux,
Et tu veux que je n'aye aucun sujet de plainte

Sur cet affreux Arrest dont je souffre l'atteinte ?
Ah, leur pouvoir se joue avec trop de rigueur
　　　Des tendresses de nostre cœur.
Pour m'oster leur présent, leur falloit-il attendre
　　　Que j'en eusse fait tout mon bien ?
Ou plûtôt, s'ils avoient dessein de le reprendre,
N'eust-il pas esté mieux de ne me donner rien ?

PSICHÉ

　　Seigneur, redoutez la colère
De ces Dieux, contre qui vous osez éclater.

LE ROY

　　Après ce coup que peuvent-ils me faire ?
Ils m'ont mis en état de ne rien redouter.

PSICHÉ

　　Ah, Seigneur, je tremble des crimes
Que je vous fais commettre, et je doy me haïr.

LE ROY

Ah, qu'ils souffrent du moins mes plaintes légitimes ;
Ce m'est assez d'effort que de leur obéir ;
Ce doit leur estre assez que mon cœur t'abandonne
Au barbare respect qu'il faut qu'on ait pour eux,
Sans prétendre gesner la douleur que me donne
L'épouvantable Arrest d'un Sort si rigoureux !
Mon juste désespoir ne sçauroit se contraindre.

Je veux, je veux garder ma douleur à jamais ;
Je veux sentir toujours la perte que je fais ;
De la rigueur du Ciel je veux toujours me plaindre ;
Je veux, jusqu'au trépas, incessamment pleurer
Ce que tout l'Univers ne peut me réparer.

PSICHÉ

Ah, de grâce, Seigneur, épargnez ma foiblesse ;
J'ay besoin de constance en l'état où je suis !
Ne fortifiez point l'excès de mes ennuis
            Des larmes de vostre tendresse ;
Seuls, ils sont assez forts, et c'est trop, pour mon cœur,
            De mon destin et de vostre douleur.

LE ROY

Ouy ; je doy t'épargner mon deuil inconsolable ;
Voicy l'instant fatal de m'arracher de toy ;
Mais comment prononcer ce mot épouvantable ?
Il le faut toutefois ; le Ciel m'en fait la loy ;
            Une rigueur inévitable
M'oblige à te laisser en ce funeste lieu.
            Adieu. Je vais... Adieu.

Ce qui suit, jusqu'à la fin de la Pièce, est de M. C[orneille], à la réserve de la première Scène du troisième Acte, qui est de la mesme main que ce qui a précédé.

SCÈNE II

PSICHÉ, AGLAURE, CIDIPPE

PSICHÉ

Suivez le Roy, mes Sœurs. Vous essuyrez ses larmes ;
Vous adoucirez ses douleurs,
Et vous l'accableriez d'alarmes
Si vous vous exposiez encore à mes malheurs.
Conservez-luy ce qui luy reste ;
Le Serpent que j'attens peut vous estre funeste,
Vous envelopper dans mon sort
Et me porter en vous une seconde mort.
Le Ciel m'a seule condamnée
A son haleine empoisonnée ;
Rien ne sauroit me secourir,
Et je n'ay pas besoin d'exemple pour mourir.

AGLAURE

Ne nous enviez pas ce cruel avantage
De confondre nos pleurs avec vos déplaisirs,
De mesler nos soûpirs à vos derniers soûpirs ;
D'une tendre amitié souffrez ce dernier gage.

PSICHÉ

C'est vous perdre inutilement.

XXVII.   7

CIDIPPE

C'est en vostre faveur espérer un miracle,
Ou vous accompagner jusques au monument.

PSICHÉ

Que peut-on se promettre après un tel Oracle ?

AGLAURE

Un Oracle jamais n'est sans obscurité ;
On l'entend d'autant moins que mieux on croit l'entendre,
Et peut-estre, après tout, n'en devez-vous attendre
    Que gloire et que félicité.
Laissez-nous voir, ma Sœur, par une digne issue,
Cette frayeur mortelle heureusement déçeue,
    Ou mourir du moins, avec vous,
Si le Ciel à nos vœux ne se montre plus doux.

PSICHÉ

Ma Sœur, écoutez mieux la voix de la Nature
    Qui vous appelle auprès du Roy.
    Vous m'aimez trop ; le Devoir en murmure ;
    Vous en sçavez l'indispensable loy ;
Un Père vous doit estre encor plus cher que moy.
Rendez-vous toutes deux l'appuy de sa vieillesse ;
Vous luy devez, chacune, un Gendre et des Neveux ;
Mille Rois, à l'envy, vous gardent leur tendresse ;
Mille Rois, à l'envy, vous offriront leurs vœux.

L'Oracle me veut seule, et, seule aussi, je veux
      Mourir, si je puis, sans foiblesse,
Ou ne vous avoir pas pour témoins toutes deux
De ce que, malgré moy, la Nature m'en laisse.

AGLAURE

Partager vos malheurs, c'est vous importuner ;

CIDIPPE

J'ose dire un peu plus, ma Sœur, c'est vous déplaire ;

PSICHÉ

    Non ; mais, enfin, c'est me gesner,
Et peut-estre du Ciel redoubler la colère.

AGLAURE

    Vous le voulez, et nous partons.
Daigne ce mesme Ciel, plus juste et moins sévère,
Vous envoyer le sort que nous vous souhaitons,
    Et que nostre amitié sincère,
En dépit de l'Oracle, et malgré vous, espère.

PSICHÉ

Adieu. C'est un espoir, ma Sœur, et des souhaits,
    Qu'aucun des Dieux ne remplira jamais.

SCÈNE III

PSICHÉ *seule.*

Enfin, seule, et toute à moy-mesme,
Je puis envisager cet affreux changement,
  Qui, du haut d'une gloire extrême
  Me précipite au monument.
  Cette gloire estoit sans seconde ;
L'éclat s'en répandoit jusqu'aux deux bouts du Monde ;
Tout ce qu'il a de Rois sembloient faits pour m'aimer ;
  Tous leurs Sujets, me prenant pour Déesse,
  Commençoient à m'accoûtumer
  Aux encens qu'ils m'offroient sans cesse ;
Leurs soupirs me suivoient, sans qu'il m'en coûtast rien ;
Mon âme restoit libre en captivant tant d'âmes ;
  Et j'estois, parmy tant de flâmes,
Reine de tous les cœurs, et maistresse du mien.
  O Ciel, m'auriez-vous fait un crime
  De cette insensibilité ?
Déployez-vous sur moy tant de sévérité,
Pour n'avoir à leurs vœux rendu que de l'estime ?
  Si vous m'imposiez cette loy,
Qu'il fallust faire un choix pour ne pas vous déplaire,

Puis que je ne pouvois le faire,
Que ne le faisiez-vous pour moy ?
Que ne m'inspiriez-vous ce qu'inspire à tant d'autres
Le mérite, l'amour, et... Mais que vois-je icy ?

SCÈNE IV

CLÉOMÈNE, AGÉNOR, PSICHÉ

CLÉOMÈNE

Deux Amis, deux Rivaux, dont l'unique soucy
Est d'exposer leurs jours pour conserver les vostres.

PSICHÉ

Puis-je vous écouter, quand j'ay chassé deux Sœurs ?
Princes, contre le Ciel pensez-vous me défendre ?
Vous livrer au Serpent, qu'icy je dois attendre,
Ce n'est qu'un désespoir qui sied mal aux grands cœurs,
Et mourir, alors que je meurs,
C'est accabler une âme tendre
Qui n'a que trop de ses douleurs.

AGÉNOR

Un Serpent n'est pas invincible ;
Cadmus, qui n'aimoit rien, défit celuy de Mars.
Nous aimons, et l'Amour sçait rendre tout possible

Au cœur qui suit ses étendarts,
A la main dont luy-mesme il conduit tous les dards.

PSICHÉ

Voulez-vous qu'il vous serve en faveur d'une ingrate,
    Que tous ses traits n'ont pû toucher ;
Qu'il dompte sa vangeance, au moment qu'elle éclate,
    Et vous aide à m'en arracher ?
        Quand mesme vous m'auriez servie,
        Quand vous m'auriez rendu la vie,
Quel fruit espérez-vous de qui ne peut aimer ?

CLÉOMÈNE

Ce n'est point par l'espoir d'un si charmant salaire
    Que nous nous sentons animer ;
    Nous ne cherchons qu'à satisfaire
Aux devoirs d'un amour, qui n'ose présumer
    Que jamais, quoy qu'il puisse faire,
    Il soit capable de vous plaire
    Et digne de vous enflâmer.
Vivez, belle Princesse, et vivez pour un autre ;
    Nous le verrons d'un œil jaloux ;
Nous en mourrons, mais d'un trépas plus doux
    Que s'il nous falloit voir le vostre ;
Et, si nous ne mourons, en vous sauvant le jour,
Quelque amour qu'à nos yeux vous préfériez au nostre,
Nous voulons bien mourir de douleur et d'amour.

PSICHÉ

Vivez, Princes, vivez, et de ma Destinée
Ne songez plus à rompre, ou partager la loy.
Je croy vous l'avoir dit, le Ciel ne veut que moy;
      Le Ciel m'a seule condamnée.
Je pense ouïr déjà les mortels sifflemens
      De son Ministre qui s'approche;
Ma frayeur me le peint, me l'offre à tous momens;
Et, maistresse qu'elle est de tous mes sentimens,
Elle me le figure au haut de cette Roche.
J'en tombe de foiblesse, et mon cœur abatu
Ne soutient plus qu'à peine un reste de vertu.
Adieu, Princes; fuyez, qu'il ne vous empoisonne.

AGÉNOR

Rien ne s'offre à nos yeux encor qui les étonne,
Et, quand vous vous peignez un si proche trépas,
      Si la force vous abandonne,
      Nous avons des cœurs et des bras
      Que l'espoir n'abandonne pas.
Peut-estre qu'un Rival a dicté cet Oracle,
Que l'or a fait parler celuy qui l'a rendu;
      Ce ne seroit pas un miracle
Que, pour un Dieu muet, un Homme eust répondu,
Et, dans tous les Climats, on n'a que trop d'exemples
Qu'il est, ainsi qu'ailleurs, des meschans dans les Temples.

CLÉOMÈNE

Laissez-nous opposer au lâche Ravisseur,
A qui le Sacrilège indignement vous livre,
Un Amour qu'a le Ciel choisi pour défenseur
De la seule Beauté pour qui nous voulons vivre.
Si nous n'osons prétendre à sa possession,
Du moins, en son péril, permettez-nous de suivre
L'ardeur et les devoirs de nostre passion.

PSICHÉ

Portez-les à d'autres moy-mesmes ;
Princes, portez-les à mes Sœurs
Ces devoirs, ces ardeurs extrêmes
Dont pour moy sont remplis vos cœurs.
Vivez pour elles, quand je meurs ;
Plaignez de mon Destin les funestes rigueurs,
Sans leur donner en vous de nouvelles matières ;
Ce sont mes volontés dernières,
Et l'on a reçû, de tout temps,
Pour souveraines loix, les ordres des Mourans.

CLÉOMÈNE

Princesse,...

PSICHÉ

Encor un coup, Princes, vivez pour elles.
Tant que vous m'aimerez, vous devez m'obéïr ;
Ne me réduisez pas à vouloir vous haïr,

Et vous regarder en rebelles
A force de m'estre fidelles.
Allez. Laissez-moy seule expirer en ce lieu,
Où je n'ai plus de voix que pour vous dire Adieu.
Mais je sens qu'on m'enlève, et l'air m'ouvre une route,
D'où vous n'entendrez plus cette mourante voix.
Adieu, Princes ; adieu, pour la dernière fois ;
Voyez si de mon sort vous pouvez estre en doute.

Elle est enlevée en l'air par deux Zéphires.

AGÉNOR

Nous la perdons de vûe. Allons tous deux chercher
Sur le faiste de ce Rocher,
Prince, les moyens de la suivre ;

CLÉOMÈNE

Allons-y chercher ceux de ne luy point survivre.

SCÈNE V

L'AMOUR *en l'air.*

Allez mourir, Rivaux d'un Dieu jaloux,
Dont vous méritez le couroux
Pour avoir eu le cœur sensible aux mesmes charmes.
Et toy, forge, Vulcain, mille brillans attraits

XXVII.   8

Pour orner un Palais,
Où l'Amour de Psiché veut essuyer les larmes
Et luy rendre les armes.

L'AMOUR
Allez, méarir,
Rivaux d'un Dieu, jaloux

SECOND INTERMÈDE

La Scène se change en une Cour magnifique, ornée de Colomnes de Lapys, enrichies de Figures d'or, qui forment un Palais pompeux et brillant, que l'Amour destine pour Psiché. Six Cyclopes, avec quatre Fées, y font une Entrée de Ballet, où ils achèvent, en cadence, quatre gros Vases d'argent que les Fées leur ont apportez. Cette Entrée est entre-coupée par ce Récit de Vulcain, qu'il fait à deux reprises :

> Dépeschez ; préparez ces lieux
> Pour le plus aimable des Dieux ;
> Que chacun pour luy s'intéresse ;
> N'oubliez rien des soins qu'il faut.
> Quand l'Amour presse,
> On n'a jamais fait assez tost.

> L'Amour ne veut point qu'on diffère ;
> Travaillez ; hastez-vous ;
> Frappez ; redoublez vos coups ;
> Que l'ardeur de luy plaire
> Fasse vos soins les plus doux.

SECOND COUPLET

VULCAIN

Servez bien un Dieu si charmant.
Il se plaît dans l'empressement;
Que chacun pour luy s'intéresse;
N'oubliez rien des soins qu'il faut.
Quand l'Amour presse,
On n'a jamais fait assez-tost.

L'Amour ne veut point qu'on diffère,
Travaillez, etc.

L'AMOUR
Vous n'aurez, à craindre
autre Monstre que moy.

ACTE III

SCÈNE PREMIÈRE

L'AMOUR, ZÉPHIRE

ZÉPHIRE

L'AMOUR
Il est temps desormais
que je devienne grand.

OÜY; je me suis galamment
    acquité
De la commission que vous
    m'avez donnée,
Et, du haut du Rocher, je
    l'ay, cette Beauté,
Par le milieu des airs douce-
    ment amenée
Dans ce beau Palais enchanté,
Où vous pouvez, en liberté,

Disposer de sa Destinée.
Mais vous me surprenez par ce grand changement
    Qu'en vostre personne vous faites;
Cette taille, ces traits, et cet ajustement
    Cachent tout à fait qui vous estes,
Et je donne aux plus fins à pouvoir, en ce jour,
    Vous reconnoistre pour l'Amour.

L'AMOUR

Aussi ne veux-je pas qu'on puisse me connoistre.
Je ne veux à Psiché découvrir que mon cœur,
Rien que les beaux transports de cette vive ardeur
    Que ses doux charmes y font naistre;
Et, pour en exprimer l'amoureuse langueur,
    Et cacher ce que je puis estre
    Aux yeux qui m'imposent des loix,
    J'ay pris la forme que tu vois.

ZÉPHIRE

    En tout, vous estes un grand Maistre;
    C'est icy que je le connois.
Sous des déguisements de diverse nature,
    On a veu les Dieux amoureux
Chercher à soulager cette douce blessure
Que reçoivent les cœurs de vos traits pleins de feux;
    Mais en bon sens vous l'emportez sur eux,
    Et voilà la bonne figure

Pour avoir un succès heureux
Près de l'aimable Sexe où l'on porte ses vœux.
Oüy, de ces formes-là l'assistance est bien forte ;
Et, sans parler ny de rang, ny d'esprit,
Qui peut trouver moyen d'estre fait de la sorte
Ne soûpire guère à crédit.

L'AMOUR

J'ay résolu, mon cher Zéphire,
De demeurer ainsi toujours ;
Et l'on ne peut le trouver à redire
A l'aisné de tous les Amours.
Il est temps de sortir de cette longue enfance
Qui fatigue ma patience ;
Il est temps désormais que je devienne grand.

ZÉPHIRE

Fort bien. Vous ne pouvez mieux faire,
Et vous entrez dans un mistère
Qui ne demande rien d'enfant.

L'AMOUR

Ce changement, sans doute, irritera ma Mère.

ZÉPHIRE

Je prévoy là-dessus quelque peu de colère.
Bien que les disputes des ans
Ne doivent point régner parmy les Immortelles,

Vostre Mère Vénus est de l'humeur des Belles
           Qui n'aiment point de grands enfans.
           Mais où je la trouve outragée,
C'est dans le procédé que l'on vous voit tenir,
           Et c'est l'avoir étrangement vangée
Que d'aimer la Beauté qu'elle vouloit punir.
Cette haine, où ses vœux prétendent que réponde
La puissance d'un Fils, que redoutent les Dieux...

L'AMOUR

Laissons cela, Zéphire, et me dy si tes yeux
Ne trouvent pas Psiché la plus belle du Monde.
Est-il rien sur la Terre, est-il rien dans les Cieux,
Qui puisse luy ravir le titre glorieux
           De Beauté sans seconde ?
           — Mais je la vois, mon cher Zéphire,
Qui demeure surprise à l'éclat de ces lieux.

ZÉPHIRE

Vous pouvez vous montrer pour finir son martyre,
           Luy découvrir son destin glorieux ;
Et vous dire, entre vous, tout ce que peuvent dire
           Les soûpirs, la bouche et les yeux.
En Confident discret, je sçais ce qu'il faut faire
Pour ne pas interrompre un amoureux mystère.

SCÈNE II

PSICHÉ

Où suis-je ? Et dans un lieu que je croyois barbare,
   Quelle savante main a basty ce Palais, ·
      Que l'Art, que la Nature pare
      De l'assemblage le plus rare
      Que l'œil puisse admirer jamais ?
      Tout rit, tout brille, tout éclate
  Dans ces Jardins, dans ces Appartemens,
      Dont les pompeux ameublemens
      N'ont rien qui n'enchante et ne flate,
Et, de quelque côté que tournent mes frayeurs,
Je ne vois, sous mes pas, que de l'or ou des fleurs.

  Le Ciel auroit-il fait cet amas de merveilles
      Pour la demeure d'un Serpent ?
Et, lors que, par leur veue, il amuse et suspend
De mon Destin jaloux les rigueurs sans pareilles,
      Veut-il montrer qu'il s'en repent ?
Non, non ; c'est de sa haine, en cruautez féconde,
      Le plus noir, le plus rude trait,
Qui, par une rigueur nouvelle et sans seconde,
      N'étale ce choix qu'elle a fait

XXVII.   9

De ce qu'a de plus beau le Monde,
Qu'afin que je le quitte avec plus de regret.

Que mon espoir est ridicule,
S'il croit par là soulager mes douleurs !
Tout autant de momens que ma mort se recule
Sont autant de nouveaux malheurs ;
Plus elle tarde, et plus de fois je meurs.

Ne me fais plus languir, vien prendre ta victime,
Monstre, qui dois me déchirer.
Veux-tu que je te cherche, et faut-il que j'anime
Tes fureurs à me dévorer ?
Si le Ciel veut ma mort, si ma vie est un crime,
De ce peu qui m'en reste ose enfin t'emparer ;
Je suis lasse de murmurer
Contre un châtiment légitime ;
Je suis lasse de soûpirer ;
Vien, que j'achève d'expirer.

SCÈNE III

L'AMOUR, PSICHÉ, ZEPHIRE

L'AMOUR

Le voilà ce Serpent, ce Monstre impitoyable,
Qu'un Oracle étonnant pour vous a préparé,

Et qui n'est pas, peut-estre, à tel point effroyable
    Que vous vous l'estes figuré.

PSICHÉ

Vous, Seigneur, vous seriez ce Monstre dont l'Oracle
    A menacé mes tristes jours,
Vous, qui semblez plûtost un Dieu, qui, par miracle,
    Daigne venir luy-mesme à mon secours ?

L'AMOUR

Quel besoin de secours au milieu d'un Empire,
    Où tout ce qui respire
N'attend que vos regards pour en prendre la loy,
Où vous n'avez à craindre autre Monstre que moy ?

PSICHÉ

Qu'un Monstre tel que vous inspire peu de crainte ;
    Et que, s'il a quelque poison,
    Une âme auroit peu de raison
    De hazarder la moindre plainte
    Contre une favorable atteinte,
    Dont tout le cœur craindroit la guérison !
A peine je vous voy que mes frayeurs cessées
Laissent évanouïr l'image du trépas,
Et que je sens couler, dans mes veines glacées,
Un je ne sais quel feu que je ne connoy pas.
J'ay senty de l'estime et de la complaisance,

De l'amitié, de la reconnoissance ;
De la compassion les chagrins innocens
      M'en ont fait sentir la puissance,
Mais je n'ay point encor senty ce que je sens.
Je ne sais ce que c'est ; mais je sçay qu'il me charme,
      Que je n'en conçoy point d'alarme.
Plus j'ay les yeux sur vous, plus je me sens charmer ;
Tout ce que j'ay senty n'agissoit point de mesme,
      Et je dirois que je vous aime,
Seigneur, si je sçavois ce que c'est que d'aimer.
Ne les détournez point ces yeux qui m'empoisonnent,
Ces yeux tendres, ces yeux perçans, mais amoureux,
Qui semblent partager le trouble qu'ils me donnent.
      Hélas, plus ils sont dangereux,
      Plus je me plais à m'attacher sur eux !
Par quel ordre du Ciel, que je ne puis comprendre,
      Vous dy-je plus que je ne doy,
Moy, de qui la pudeur devroit du moins attendre
Que vous m'expliquassiez le trouble où je vous voy ?
Vous soûpirez, Seigneur, ainsi que je soûpire ;
Vos sens, comme les miens, paroissent interdits ;
C'est à moy de m'en taire, à vous de me le dire ;
      Et cependant c'est moy qui vous le dis.

L'AMOUR

Vous avez eu, Psiché, l'âme toujours si dure

　　　　Qu'il ne faut pas vous étonner
　　　　Si, pour en réparer l'injure,
L'Amour, en ce moment, se paye avec usure
　　　　De ceux qu'elle a deu luy donner.
Ce moment est venu qu'il faut que vostre bouche
Exhale des soûpirs si long temps retenus,
Et qu'en vous arrachant à cette humeur farouche,
Un amas de transports, aussi doux qu'inconnus,
Aussi sensiblement tout à la fois vous touche
Qu'ils ont dû vous toucher durant tant de beaux jours
Dont cette âme insensible a profané le cours.

PSICHÉ

N'aimer point, c'est donc un grand crime ?

L'AMOUR

En souffrez-vous un rude châtiment ?

PSICHÉ

C'est punir assez doucement.

L'AMOUR

C'est luy choisir sa peine légitime,
Et se faire justice, en ce glorieux jour,
D'un manquement d'amour par un excès d'amour.

PSICHÉ

Que n'ay-je été plus tost punie !

J'y mets le bonheur de ma vie.
Je devrois en rougir, ou le dire plus bas,
       Mais le supplice a trop d'appas.
Permettez que, tout haut, je le die et redie ;
Je le dirois cent fois, et n'en rougirois pas.
Ce n'est point moy qui parle, et de vostre présence
L'empire surprenant, l'aimable violence,
Dès que je veux parler, s'empare de ma voix.
C'est en vain qu'en secret ma pudeur s'en offense,
       Que le Sexe et la bienséance
       Osent me faire d'autres loix ;
Vos yeux de ma réponse eux-mesmes font le choix,
Et ma bouche, asservie à leur toute-puissance,
Ne me consulte plus sur ce que je me dois.

L'AMOUR

Croyez, belle Psiché, croyez ce qu'ils vous disent,
       Ces yeux qui ne sont point jaloux
       Qu'à l'envy les vostres m'instruisent
       De tout ce qui se passe en vous.
       Croyez-en ce cœur qui soûpire,
Et qui, tant que le vostre y voudra répartir,
       Vous dira bien plus, d'un soûpir,
       Que cent regards ne peuvent dire.
       C'est le langage le plus doux,
C'est le plus fort, c'est le plus seur de tous.

PSICHÉ

L'intelligence en estoit deue
A nos cœurs, pour les rendre également contens.
　　J'ay soûpiré, vous m'avez entendue ; ʼ
　　　Vous soûpirez, je vous entens.
　　　Mais ne me laissez plus en doute,
Seigneur, et dites-moy si, par la mesme route,
Après moy le Zéphire icy vous a rendu
　　　Pour me dire ce que j'écoute.
Quand je suis arrivée, estiez-vous attendu ?
Et, quand vous luy parlez, estes-vous entendu ?

L'AMOUR

J'ay dans ce doux climat un souverain empire,
　　　Comme vous l'avez sur mon cœur ;
L'Amour m'est favorable, et c'est en sa faveur
Qu'à mes ordres Æole a soumis le Zéphire.
C'est l'Amour qui, pour voir mes feux récompensez,
　　　Luy-mesme a dicté cet Oracle
　　　Par qui vos beaux jours menacez
D'une foule d'Amans se sont débarrassez,
Et qui m'a délivré de l'éternel obstacle
　　　De tant de soûpirs empressez
Qui ne méritoient pas de vous estre adressez.
Ne me demandez point quelle est cette province,
　　　Ny le nom de son Prince ;

Vous le saurez quand il en sera temps.
Je veux vous acquérir ; mais c'est par mes services,
Par des soins assidus, et par des vœux constans,
    Par les amoureux sacrifices
      De tout ce que je suis,
      De tout ce que je puis,
Sans que l'éclat du rang pour moy vous sollicite,
Sans que de mon pouvoir je me fasse un mérite ;
Et, bien que Souverain dans cet heureux séjour,
Je ne vous veux, Psiché, devoir qu'à mon amour.
Venez-en admirer avec moy les merveilles,
Princesse, et préparez vos yeux et vos oreilles
    A ce qu'il a d'enchantemens ;
    Vous y verrez des Bois et des Prairies
      Contester sur leurs agrémens
      Avec l'Or et les Pierreries ;
    Vous n'entendrez que des concerts charmans ;
    De cent Beautez vous y serez servie,
Qui vous adoreront sans vous porter envie,
      Et brigueront, à tous momens,
      D'une âme soumise et ravie,
      L'honneur de vos commandemens.

PSICHÉ

Mes volontez suivent les vostres ;
Je n'en sçaurois plus avoir d'autres,

Mais vostre Oracle, enfin, vient de me séparer
  De deux Sœurs, et du Roy, mon Père,
  Que mon trépas imaginaire
  Réduit tous trois à me pleurer.
Pour dissiper l'erreur dont leur âme accablée
De mortels déplaisirs se voit pour moy comblée,
  Souffrez que mes Sœurs soient témoins
  Et de ma gloire et de vos soins.
Prêtez-leur, comme à moy, les aisles du Zéphire,
  Qui leur puissent de vostre Empire,
  Ainsi qu'à moy, faciliter l'accès;
  Faites-leur voir en quel lieu je respire;
Faites-leur de ma perte admirer le succès.

L'AMOUR

Vous ne me donnez pas, Psiché, toute vostre âme.
Ce tendre souvenir d'un Père et de deux Sœurs
  Me vole une part des douceurs
  Que je veux toutes pour ma flâme.
N'ayez d'yeux que pour moy, qui n'en ay que pour vous;
Ne songez qu'à m'aimer, ne songez qu'à me plaire,
Et, quand de tels soucis osent vous en distraire...

PSICHÉ

Des tendresses du sang peut-on estre jaloux?

L'AMOUR

Je le suis, ma Psiché, de toute la Nature.
 XXVII.   10

Les rayons du Soleil vous baisent trop souvent;
Vos cheveux souffrent trop les caresses du Vent;
      Dès qu'il les flatte, j'en murmure;
      L'air mesme que vous respirez,
Avec trop de plaisir passe par vostre bouche;
      Vostre habit de trop près vous touche,
      Et, si-tost que vous soupirez,
      Je ne sais quoy, qui m'effarouche,
Craint, parmy vos soûpirs, des soûpirs égarez.
Mais vous voulez vos Sœurs; allez, partez Zéphire,
      Psiché le veut; je ne l'en puis dédire.

Le Zéphire s'envole.

L'AMOUR

Quand vous leur ferez voir ce bienheureux séjour,
      De ses trésors faites-leur cent largesses;
      Prodiguez-leur caresses sur caresses,
Et du sang, s'il se peut, épuisez les tendresses,
      Pour vous rendre toute à l'Amour.
Je n'y mesleray point d'importune présence,
Mais ne leur faites pas de si longs entretiens;
Vous ne sçauriez pour eux avoir de complaisance
      Que vous ne dérobiez aux miens.

PSICHÉ

Vostre amour me fait une grâce,
Dont je n'abuseray jamais.

L'AMOUR

Allons voir cependant ces Jardins, ce Palais,
Où vous ne verrez rien que vostre éclat n'efface.
Et vous, petits Amours, et vous, jeunes Zéphirs,
Qui, pour âmes, n'avez que de tendres soûpirs,
Montrez tous, à l'envy, ce qu'à voir ma Princesse
Vous avez senty d'allégresse.

L'AMOUR
Allez, parlez, Zéphir.
Psiché le veut.

TROISIESME INTERMÈDE

Il se fait une Entrée de Ballet de quatre Amours et de quatre Zéphirs, interrompue deux fois par un Dialogue, chanté par un Amour et un Zéphir.

LE ZÉPHIR

Aimable Jeunesse,
Suivez la tendresse;
Joignez aux beaux jours
La douceur des Amours.
C'est pour vous surprendre
Qu'on vous fait entendre
Qu'il faut éviter leurs soûpirs,
Et craindre leurs desirs;
Laissez-vous apprendre
Quels sont leurs plaisirs.

Ils chantent ensemble :

Chacun est obligé d'aimer
A son tour,

Et, plus on a de quoy charmer,
Plus on doit à l'Amour.

LE ZÉPHIR *seul.*

Un cœur jeune et tendre
Est fait pour se rendre ;
Il n'a point à prendre
De fâcheux détour.

LES DEUX ENSEMBLE :

Chacun est obligé d'aimer
A son tour,
Et, plus on a de quoy charmer,
Plus on doit à l'Amour.

L'AMOUR *seul.*

Pourquoy se défendre ?
Que sert-il d'attendre ?
Quand on perd un jour,
On le perd sans retour.

LES DEUX ENSEMBLE :

Chacun est obligé d'aimer
A son tour ;
Et, plus on a de quoy charmer,
Plus on doit à l'Amour.

SECOND COUPLET

LE ZÉPHIR

L'Amour a des charmes ;
Rendons-luy les armes ;
Ses soins et ses pleurs
Ne sont point sans douceurs.
Un cœur, pour le suivre,
A cent maux se livre.
Il faut pour goûter ses appas,
Languir jusqu'au trépas,
Mais ce n'est pas vivre
Que de n'aimer pas.

Ils chantent ensemble :

S'il faut des soins et des travaux,
En aimant,
On est payé de mille maux
Par un heureux moment.

LE ZÉPHIR, *seul.*

On craint, on espère ;
Il faut du mystère,
Mais on n'obtient guère
De bien sans tourment.

LES DEUX ENSEMBLE :

S'il faut des soins et des travaux,

En aimant,
On est payé de mille maux
Par un heureux moment.

L'AMOUR, *seul.*

Que peut-on mieux faire,
Qu'aimer et que plaire ?
C'est un soin charmant
Que l'employ d'un Amant.

LES DEUX ENSEMBLE :

S'il faut des soins et des travaux,
En aimant,
On est payé de mille maux
Par un heureux moment.

Le Théâtre devient un autre Palais magnifique, coupé, dans le fond, par un Vestibule, au travers duquel on voit un Jardin superbe et charmant, décoré de plusieurs Vases d'Orangers et d'Arbres, chargez de toutes sortes de fruits.

L'AMOUR
Hé bien, je suis le Dieu
le plus puissant des Dieux.

ACTE IV

SCÈNE PREMIÈRE

AGLAURE, CIDIPPE

AGLAURE

PSICHE
Mon amant vous renvoie

JE n'en puis plus, ma Sœur, j'ay veu trop de merveilles;
L'avenir aura peine à les bien concevoir;
Le Soleil, qui voit tout, et qui nous fait tout voir,
N'en a veu jamais de pa-
reilles.
Elles me chagrinent l'esprit,
Et ce brillant Palais, ce pompeux équipage,

Font un odieux étalage
Qui m'accable de honte autant que de dépit.
Que la Fortune indignement nous traitte ;
Et que sa largesse indiscrète
Prodigue aveuglément, épuise, unit d'efforts,
Pour faire, de tant de trésors,
Le partage d'une Cadette !

CIDIPPE

J'entre dans tous vos sentimens ;
J'ay les mesmes chagrins, et, dans ces lieux charmans,
Tout ce qui vous déplaist me blesse ;
Tout ce que vous prenez pour un mortel affront,
Comme vous m'accable, et me laisse
L'amertume dans l'âme, et la rougeur au front.

AGLAURE

Non, ma Sœur, il n'est point de Reynes
Qui, dans leur propre Etat, parlent en Souveraines
Comme Psiché parle en ces lieux.
On l'y voit obéïe avec exactitude,
Et de ses volontez une amoureuse étude
Les cherche jusques dans ses yeux.
Mille Beautez s'empressent autour d'elle,
Et semblent dire à nos regards jaloux :
« Quels que soient nos attraits, elle est encor plus belle,

« Et nous, qui la servons, le sommes plus que vous. »
Elle prononce, on exécute ;
Aucun ne s'en défend, aucun ne s'en rebute ;
Flore, qui s'attache à ses pas,   ·
Répand à pleines mains, autour de sa personne,
Ce qu'elle a de plus doux appas ;
Zéphire vole aux ordres qu'elle donne,
Et son Amante et luy, s'en laissant trop charmer,
Quittent, pour la servir, les soins de s'entr'aimer.

CIDIPPE

Elle a des Dieux à son service ;
Elle aura bientost des Autels,
Et nous ne commandons qu'à de chétifs Mortels,
De qui l'audace et le caprice
Contre nous, à toute heure, en secret révoltez,
Opposent à nos volontez
Ou le murmure, ou l'artifice.

AGLAURE

C'estoit peu que, dans nostre Cour,
Tant de cœurs, à l'envy, nous l'eussent préférée ;
Ce n'estoit pas assez que, de nuit et de jour,
D'une foule d'Amans elle y fust adorée ;
Quand nous nous consolions de la voir au tombeau
Par l'ordre imprévû d'un Oracle,

Elle a voulu de son destin nouveau
Faire en nostre présence éclater le miracle,
Et choisir nos yeux pour témoins
De ce qu'au fond du cœur nous souhaitions le moins.

CIDIPPE

Ce qui le plus me désespère,
C'est cet Amant parfait, et si digne de plaire,
Qui se captive sous ses loix.
Quand nous pourrions choisir entre tous les Monarques,
En est-il un, de tant de Rois,
Qui porte de si nobles marques ?
Se voir du bien par-delà ses souhaits
N'est souvent qu'un bonheur qui fait des misérables ;
Il n'est ny train pompeux, ny superbes Palais
Qui n'ouvrent quelque porte à des maux incurables ;
Mais avoir un Amant d'un mérite achevé,
Et s'en voir chèrement aimée,
C'est un bonheur si haut, si relevé,
Que sa grandeur ne peut estre exprimée.

AGLAURE

N'en parlons plus, ma Sœur; nous en mourrions d'ennuy ;
Songeons plutost à la vangeance,
Et trouvons le moyen de rompre entre elle et luy
Cette adorable intelligence.

— La voicy. J'ay des coups tout prests à luy porter,
        Qu'elle aura peine d'éviter.

SCÈNE II

PSICHÉ, AGLAURE, CIDIPPE

PSICHÉ

Je viens vous dire Adieu. Mon Amant vous renvoye,
        Et ne sçauroit plus endurer
Que vous luy retranchiez un moment de la joye
Qu'il prend de se voir seul à me considérer.
Dans un simple regard, dans la moindre parole,
        Son amour trouve des douceurs
        Qu'en faveur du sang je luy vole
        Quand je les partage à des Sœurs.

AGLAURE

        La jalousie est assez fine,
        Et ces délicats sentimens
        Méritent bien qu'on s'imagine
Que celuy qui pour vous a ces empressemens
        Passe le commun des Amans.
Je vous en parle ainsi, faute de le connoistre.
Vous ignorez son nom, et ceux dont il tient l'estre ;

Nos esprits en sont alarmez ;
Je le tiens un grand Prince, et d'un pouvoir suprême
Bien au-delà du Diadême ;
Ses trésors, sous vos pas confusément semez
Ont de quoy faire honte à l'abondance mesme ;
Vous l'aimez autant qu'il vous aime ;
Il vous charme, et vous le charmez.
Vostre félicité, ma Sœur, seroit extrême,
Si vous sçaviez qui vous aimez.

PSICHÉ

Que m'importe ? J'en suis aimée ;
Plus il me voit, plus je luy plais ;
Il n'est point de plaisirs dont l'âme soit charmée
Qui ne préviennent mes souhaits,
Et je voy mal de quoy la vostre est alarmée,
Quand tout me sert dans ce Palais.

AGLAURE

Qu'importe qu'icy tout vous serve,
Si toujours cet Amant vous cache ce qu'il est ?
Nous ne nous alarmons que pour vostre intérest ;
En vain tout vous y rit, en vain tout vous y plaist ;
Le véritable amour ne fait point de réserve ;
Et qui s'obstine à se cacher,
Sent quelque chose en soy qu'on luy peut reprocher.

Si cet Amant devient volage,
Car souvent, en amour, le change est assez doux,
Et, j'ose le dire entre nous,
Pour grand que soit l'éclat dont brille ce visage,
Il en peut estre ailleurs d'aussi belles que vous ;
Si, dis-je, un autre objet sous d'autres loix l'engage ;
Si, dans l'état où je vous voy,
Seule en ses mains et sans défense,
Il va jusqu'à la violence,
Sur qui vous vengera le Roy,
Ou de ce changement, ou de cette insolence ?

PSICHÉ

Ma Sœur, vous me faites trembler.
Juste Ciel ! Pourrois-je estre assez infortunée...

CIDIPPE

Que sçait-on si déjà les nœuds de l'Hyménée...

PSICHÉ

N'achevez pas ; ce seroit m'accabler.

AGLAURE

Je n'ay plus qu'un mot à vous dire.
Ce Prince, qui vous aime, et qui commande aux Vents,
Qui nous donne pour char les ailes du Zéphire,
Et de nouveaux plaisirs vous comble à tous momens,
Quand il rompt à vos yeux l'ordre de la Nature,

Peut-estre à tant d'amour mêle un peu d'imposture;
Peut-estre ce Palais n'est qu'un enchantement,
Et ces lambris dorez, ces amas de richesses
            Dont il achète vos tendresses,
Dès qu'il sera lassé de souffrir vos caresses,
            Disparoîtront en un moment.
Vous sçavez, comme nous, ce que peuvent les Charmes.

PSICHÉ

Que je sens à mon tour de cruelles alarmes!

AGLAURE

Nostre amitié ne veut que votre bien.

PSICHÉ

Adieu, mes Sœurs, finissons l'entretien,
J'aime, et je crains qu'on ne s'impatiente.
        Partez, et demain, si je puis,
        Vous me verrez, ou plus contente,
Ou dans l'accablement des plus mortels ennuis.

AGLAURE

Nous allons dire au Roy quelle nouvelle gloire,
Quel excès de bonheur le Ciel répand sur vous.

CIDIPPE

Nous allons luy conter d'un changement si doux
        La surprenante et merveilleuse histoire.

PSICHÉ

Ne l'inquiétez point, ma Sœur, de vos soupçons,
Et, quand vous luy peindrez un si charmant Empire...

AGLAURE

Nous sçavons toutes deux ce qu'il faut taire ou dire,
Et n'avons pas besoin, sur ce point, de leçons.

Le Zéphire enlève les deux Sœurs de Psiché dans un nuage, qui descend jusqu'à terre et dans lequel il les emporte avec rapidité.

SCÈNE III

L'AMOUR, PSICHÉ

L'AMOUR

Enfin, vous estes seule, et je puis vous redire,
Sans avoir pour témoins vos importunes Sœurs,
Ce que des yeux si beaux ont pris sur moy d'empire,
　　　Et quels excès ont les douceurs
　　　Qu'une sincère ardeur inspire,
　　　Si-tost qu'elle assemble deux cœurs.
Je puis vous expliquer de mon âme ravie
　　　Les amoureux empressemens,
　　　Et vous jurer qu'à vous seule asservie
Elle n'a, pour objet de ses ravissemens,
Que de voir cette ardeur de mesme ardeur suivie,
　　　Ne concevoir plus d'autre envie
　　XXVII.　　　　　　　　　　12

Que de régler mes vœux sur vos desirs,
Et, de ce qui vous plaît, faire tous mes plaisirs.
    Mais d'où vient qu'un triste nuage
    Semble offusquer l'éclat de ces beaux yeux ?
    Vous manque-t-il quelque chose en ces lieux ?
Des vœux qu'on vous y rend dédaignez-vous l'hommage ?

PSICHÉ

Non, Seigneur.

L'AMOUR

    Qu'est-ce donc ? Et d'où vient mon malheur ?
J'entens moins de soûpirs d'amour que de douleur ;
Je voy de vostre teint les roses amorties
    Marquer un déplaisir secret ;
    Vos Sœurs à peine sont parties
    Que vous soûpirez de regret.
Ah, Psiché, de deux cœurs quand l'ardeur est la mesme,
    Ont-ils des soûpirs différens ?
Et, quand on aime bien et qu'on voit ce qu'on aime,
    Peut-on songer à des Parens ?

PSICHÉ

Ce n'est point là ce qui m'afflige.

L'AMOUR

    Est-ce l'absence d'un Rival,
Et d'un Rival aimé, qui fait qu'on me néglige ?

PSICHÉ

Dans un cœur tout à vous que vous pénétrez mal!
Je vous aime, Seigneur, et mon amour s'irrite
De l'indigne soupçon que vous avez formé;
Vous ne connoissez pas quel est vostre mérite,
   Si vous craignez de n'estre pas aimé.
Je vous aime, et, depuis que j'ay veu la lumière,
    Je me suis montrée assez fière
   Pour dédaigner les vœux de plus d'un Roy,
Et, s'il vous faut ouvrir mon âme toute entière,
Je n'ay trouvé que vous qui fust digne de moy.
    Cependant j'ay quelque tristesse
    Qu'en vain je voudrois vous cacher;
Un noir chagrin se mesle à toute ma tendresse,
    Dont je ne puis la détacher.
    Ne m'en demandez point la cause;
Peut-estre, la sçachant, voudrez-vous m'en punir,
Et, si j'ose aspirer encor à quelque chose,
Je suis seure du moins de ne point l'obtenir.

L'AMOUR

Et ne craignez-vous point qu'à mon tour je m'irrite
Que vous connoissiez mal quel est vostre mérite,
   Ou feigniez de ne pas sçavoir
   Quel est sur moy vostre absolu pouvoir?

Ah, si vous en doutez, soyez désabusée !
Parlez.

PSICHÉ

J'auray l'affront de me voir refusée.

L'AMOUR

Prenez en ma faveur de meilleurs sentimens,
       L'expérience en est aisée ;
Parlez ; tout se tient prêt à vos commandemens.
       Si, pour m'en croire, il vous faut des sermens,
J'en jure vos beaux yeux, ces maistres de mon âme,
       Ces divins auteurs de ma flâme ;
Et, si ce n'est assez d'en jurer vos beaux yeux,
J'en jure par le Styx, comme jurent les Dieux.

PSICHÉ

J'ose craindre un peu moins après cette assurance.
Seigneur, je vois icy la pompe et l'abondance ;
       Je vous adore, et vous m'aimez ;
Mon cœur en est ravy, mes sens en sont charmez ;
       Mais, parmy ce bonheur suprême,
J'ai le malheur de ne sçavoir qui j'aime.
       Dissipez cet aveuglement,
Et faites-moy connoistre un si parfait Amant.

L'AMOUR

Psiché, que venez-vous de dire ?

PSICHÉ

Que c'est le bonheur où j'aspire,
Et, si vous ne me l'accordez...

L'AMOUR

Je l'ay juré, je n'en suis plus le maistre ;
Mais vous ne sçavez pas ce que vous demandez.
Laissez-moy mon secret. Si je me fais connoistre,
Je vous perds, et vous me perdez.
Le seul remède est de vous en dédire.

PSICHÉ

C'est là sur vous mon souverain empire ?

L'AMOUR

Vous pouvez tout, et je suis tout à vous.
Mais, si nos feux vous semblent doux,
Ne mettez point d'obstacle à leur charmante suite ;
Ne me forcez point à la fuite ;
C'est le moindre malheur qui nous puisse arriver
D'un souhait qui vous a séduite.

PSICHÉ

Seigneur, vous voulez m'éprouver,
Mais je sçay ce que j'en dois croire.
De grâce, apprenez-moy tout l'excès de ma gloire ;
Et ne me cachez plus pour quel illustre choix
J'ai rejetté les vœux de tant de Rois.

L'AMOUR

Le voulez-vous ?

PSICHÉ

Souffrez que je vous en conjure.

L'AMOUR

Si vous sçaviez, Psiché, la cruelle avanture
Que par là vous vous attirez...

PSICHÉ

Seigneur, vous me désespérez.

L'AMOUR

Pensez-y bien ; je puis encor me taire.

PSICHÉ

Faites-vous des sermens pour n'y point satisfaire ?

L'AMOUR

Hé bien, je suis le Dieu le plus puissant des Dieux,
Absolu sur la Terre, absolu dans les Cieux ;
Dans les eaux, dans les airs, mon pouvoir est supresme ;
En un mot, je suis l'Amour mesme,
Qui de mes propres traits m'estois blessé pour vous ;
Et, sans la violence, hélas ! que vous me faites
Et qui vient de changer mon amour en couroux,
Vous m'alliez avoir pour Epoux.
Vos volontez sont satisfaites ;

Vous avez sçeu qui vous aimiez;

Vous connoissez l'Amant que vous charmiez;

Psiché, voyez où vous en êtes.

Vous me forcez vous-même à vous quitter,

Vous me forcez vous-même à vous oster

Tout l'effet de vostre victoire.

Peut-estre vos beaux yeux ne me reverront plus;

Ce Palais, ces Jardins, avec moy disparus,

Vont faire évanouïr vostre naissante gloire.

Vous n'avez pas voulu m'en croire;

Et, pour tout fruit de ce doute éclaircy,

Le Destin, sous qui le Ciel tremble,

Plus fort que mon amour, que tous les Dieux ensemble,

Vous va montrer sa haine, et me chasse d'icy.

L'Amour disparoist et, dans l'instant qu'il s'envole, le superbe Jardin s'évanouit. Psiché demeure seule au milieu d'une vaste campagne, et sur le bord sauvage d'un grand Fleuve, où elle se veut précipiter. Le Dieu du Fleuve paroist, assis sur un amas de joncs et de roseaux, et appuyé sur une grande Urne, d'où sort une grosse source d'eau.

SCÈNE IV

PSICHÉ, LE DIEU DU FLEUVE

PSICHÉ

Cruel Destin, funeste inquiétude!

Fatale curiosité!

Qu'avez-vous fait, affreuse Solitude,

De toute ma félicité?

J'aimois un Dieu, j'en estois adorée ;
Mon bonheur redoubloit de moment en moment ;
    Et je me voy seule, éplorée,
Au milieu d'un Désert, où, pour accablement,
    Et confuse et désespérée,
Je sens croistre l'amour, quand j'ay perdu l'Amant.
    Le souvenir m'en charme et m'empoisonne ;
Sa douceur tirannise un cœur infortuné
Qu'aux plus cuisans chagrins ma flâme a condamné.
    O ciel ! Quand l'Amour m'abandonne,
Pourquoy me laisse-t-il l'amour qu'il m'a donné ?
Source de tous les biens inépuisable et pure,
    Maistre des hommes et des Dieux,
    Cher Auteur des maux que j'endure,
Estes-vous pour jamais disparu de mes yeux ?
    Je vous en ay banny moy-mesme ;
Dans un excès d'amour, dans un bonheur extrême,
D'un indigne soupçon mon cœur s'est alarmé ;
Cœur ingrat, tu n'avois qu'un feu mal allumé,
Et l'on ne peut vouloir, du moment que l'on aime,
    Que ce que veut l'Objet aimé.
Mourons ; c'est le party qui seul me reste à suivre,
    Après la perte que je fais.
    Pour qui, grands Dieux, voudrois-je vivre,
    Et pour qui former des souhaits ?
Fleuve, de qui les eaux baignent ces tristes sables,

Ensevely mon crime dans tes flots ;
Et, pour finir des maux si déplorables,
Laisse-moy dans ton lit assurer mon repos.

LE DIEU DU FLEUVE

Ton trépas souilleroit mes ondes,
Psiché ; le Ciel te le défend ;
Et peut-être qu'après des douleurs si profondes,
Un autre sort t'attend.
Fuy plutost de Vénus l'implacable colère.
Je la voy qui te cherche et qui te veut punir ;
L'amour du Fils a fait la haine de la Mère ;
Fuy ; je sçauray la retenir.

PSICHÉ

J'attens ses fureurs vangeresses ;
Qu'auront-elles pour moy qui ne me soit trop doux ?
Qui cherche le trépas ne craint Dieux, ny Déesses,
Et peut braver tout leur couroux.

SCÈNE V

VÉNUS, PSICHÉ

VÉNUS

Orgueilleuse Psiché, vous m'osez donc attendre,
Après m'avoir sur Terre enlevé mes honneurs,
XXVII.   13

Après que vos traits suborneurs
Ont reçeu les encens qu'aux miens seuls on doit rendre ?
J'ai veu mes Temples désertez ;
J'ay veu tous les Mortels, séduits par vos beautez,
Idolâtrer en vous la beauté souveraine,
Vous offrir des respects jusqu'alors inconnus,
Et ne se mettre pas en peine
S'il estoit une autre Vénus ;
Et je vous vois encor l'audace
De n'en pas redouter les justes châtimens,
Et de me regarder en face,
Comme si c'estoit peu que mes ressentimens.

PSICHÉ

Si de quelques Mortels on m'a veue adorée,
Est-ce un crime pour moy d'avoir eu des appas,
Dont leur âme inconsidérée
Laissoit charmer des yeux qui ne vous voyoient pas ?
Je suis ce que le Ciel m'a faite ;
Je n'ay que les beautez qu'il m'a voulu prester.
Si les vœux qu'on m'offroit vous ont mal satisfaite,
Pour forcer tous les cœurs à vous les reporter
Vous n'aviez qu'à vous présenter,
Qu'à ne leur cacher plus cette beauté parfaite,
Qui, pour les rendre à leur devoir,
Pour se faire adorer n'a qu'à se faire voir.

VÉNUS

Il falloit vous en mieux défendre.
Ces respects, ces encens se devoient refuser;
Et, pour les mieux désabuser,
Il falloit, à leurs yeux, vous-mesme me les rendre.
Vous avez aimé cette erreur
Pour qui vous ne deviez avoir que de l'horreur;
Vous avez bien fait plus. Vostre humeur arrogante,
Sur le mépris de mille Rois,
Jusques aux Cieux a porté de son choix
L'ambition extravagante.

PSICHÉ

J'aurois porté mon choix, Déesse, jusqu'aux Cieux ?

VÉNUS

Vostre insolence est sans seconde.
Dédaigner tous les Rois du Monde,
N'est-ce pas aspirer aux Dieux ?

PSICHÉ

Si l'Amour pour eux tous m'avoit endurcy l'âme,
Et me réservoit toute à luy,
En puis-je estre coupable, et faut-il qu'aujourd'huy,
Pour prix d'une si belle flâme,
Vous vouliez m'accabler d'un éternel ennuy ?

VÉNUS

Psiché, vous deviez mieux connoistre
Qui vous estiez et quel estoit ce Dieu.

PSICHÉ

Et m'en a-t-il donné ny le temps, ny le lieu,
Luy, qui de tout mon cœur d'abord s'est rendu maistre ?

VÉNUS

Tout votre cœur s'en est laissé charmer,
Et vous l'avez aimé dès qu'il vous a dit : J'aime.

PSICHÉ

Pouvois-je n'aimer pas le Dieu qui fait aimer,
Et qui me parloit pour luy-mesme ?
C'est vostre Fils. Vous sçavez son pouvoir,
Vous en connoissez le mérite.

VÉNUS

Oüy, c'est mon Fils ; mais un Fils qui m'irrite,
Un Fils qui me rend mal ce qu'il sçait me devoir,
Un Fils qui fait qu'on m'abandonne,
Et qui, pour mieux flater ses indignes amours,
Depuis que vous l'aimez, ne blesse plus personne
Qui vienne à mes Autels implorer mon secours.
Vous m'en avez fait un rebelle ;
On m'en verra vangée, et hautement, sur vous,
Et je vous apprendray s'il faut qu'une Mortelle

Souffre qu'un Dieu soûpire à ses genoux.
Suivez-moy ; vous verrez, par vostre expérience,
         A quelle folle confiance
         Vous portoit cette ambition.
Venez, et préparez autant de patience
         Qu'on vous voit de présomption.

PSICHE
Pouvais-je n'aimer pas
le Dieu qui fait aimer.

QUATRIESME INTERMÈDE

La Scène représente les Enfers. On y voit une Mer toute de feu, dont les flots sont dans une perpétuelle agitation. Cette Mer effroyable est bornée par des Ruines enflâmées, et, au milieu de ses flots agitez, au travers d'une gueule affreuse, paroist le Palais infernal de Pluton. Huit Furies en sortent et forment une Entrée de Ballet, où elles se réjouissent de la rage qu'elles ont allumée dans l'âme de la plus douce des Divinitez. Un Lutin mesle quantité de sauts périlleux à leurs Dances, ce pendant que Psiché, qui a passé aux Enfers par le commandement de Vénus, repasse dans la barque de Charon, avec la boëte qu'elle a reçeue de Proserpine pour cette Déesse.

ACTE V

SCÈNE PREMIÈRE

PSICHÉ

FFROYABLES replis des ondes infernales,
Noirs Palais, où Mégère et
   ses Sœurs font leur Cour,
Eternels ennemis du Jour,
Parmy vos Ixions et parmy
   vos Tantales,
Parmy tant de tourmens qui
   n'ont point d'intervales,
Est-il, dans vostre affreux séjour,
Quelques peines qui soient égales

Aux travaux où Vénus condamne mon amour ?
　　　　Elle n'en peut estre assouvie ;
Et, depuis qu'à ses loix je me trouve asservie,
Depuis qu'elle me livre à ses ressentimens,
　　　Il m'a fallu, dans ces cruels momens,
　　　　Plus d'une âme, et plus d'une vie,
　　　　Pour remplir ses commandemens.
　　　　Je souffrirois tout avec joye,
Si, parmy les rigueurs que sa haine déploye,
Mes yeux pouvoient revoir, ne fust-ce qu'un moment,
　　　　Ce cher, cet adorable Amant.
Je n'ose le nommer ; ma bouche, criminelle
　　　　D'avoir trop exigé de luy,
S'en est rendue indigne, et, dans ce dur ennuy,
　　　　La souffrance la plus mortelle
Dont m'accable, à toute heure, un renaissant trépas,
　　　　Est celle de ne le voir pas.
　　　　Si son couroux duroit encore,
Jamais aucun mal-heur n'approcheroit du mien ;
Mais, s'il avoit pitié d'une âme qui l'adore,
Quoyqu'il fallust souffrir, je ne souffrirois rien.
Oüy, Destins, s'il calmoit cette juste colère,
　　　　Tous mes malheurs seroient finis ;
Pour me rendre insensible aux fureurs de la Mère,
　　　　Il ne faut qu'un regard du Fils.
Je n'en veux plus douter, il partage ma peine ;

Il voit ce que je souffre, et souffre comme moy;
　　　Tout ce que j'endure le gesne;
Luy-mesme il s'en impose une amoureuse loy.
En dépit de Vénus, en dépit de mon crime,
C'est luy qui me soutient, c'est luy qui me ranime
Au milieu des périls où l'on me fait courir;
Il garde la tendresse où son feu le convie,
Et prend soin de me rendre une nouvelle vie
　　　Chaque fois qu'il me faut mourir.
　　　Mais que me veulent ces deux Ombres,
Qu'à travers le faux jour de ces Demeures sombres
　　　J'entrevois s'avancer vers moy?

SCÈNE II

PSICHÉ, CLÉOMÈNE, AGÉNOR

PSICHÉ

Cléomène, Agénor, est-ce vous que je voy?
　　　Qui vous a ravi la lumière?

CLÉOMÈNE

La plus juste douleur, qui d'un beau désespoir
　　　Nous eust pû fournir la matière;
Cette pompe funèbre, où du sort le plus noir
　　　Vous attendiez la rigueur la plus fière,
　　　L'injustice la plus entière.

AGÉNOR

Sur ce même Rocher, où le Ciel en couroux
          Vous promettoit, au lieu d'Epoux,
Un Serpent, dont soudain vous seriez dévorée,
          Nous tenions la main préparée
A repousser sa rage, ou mourir avec vous.
Vous le sçavez, Princesse ; et, lors qu'à nostre veue
Par le milieu des airs vous estes disparue,
Du haut de ce Rocher, pour suivre vos beautez,
Ou plûtost pour gouster cette amoureuse joye
D'offrir pour vous au Monstre une première proye,
D'amour et de douleur l'un et l'autre emportez,
          Nous nous sommes précipitez.

CLÉOMÈNE

Heureusement déçeus au sens de vostre Oracle,
Nous en avons icy reconnu le miracle,
Et sçeu que le Serpent, prest à vous dévorer,
          Estoit le Dieu qui fait qu'on aime ;
Et qui, tout Dieu qu'il est, vous adorant luy-mesme,
          Ne pouvoit endurer
Qu'un Mortel comme nous osast vous adorer.

AGÉNOR

          Pour prix de vous avoir suivie,
Nous jouïssons icy d'un trépas assez doux.
          Qu'avions-nous affaire de vie,

Si nous ne pouvions estre à vous ?
Nous revoyons icy vos charmes,
Qu'aucun des deux là-haut n'auroit reveus jamais.
Heureux, si nous voyons la moindre de vos larmes
Honorer des malheurs que vous nous avez faits.

PSICHÉ

Puis-je avoir des larmes de reste,
Après qu'on a porté les miens au dernier point ?
Unissons nos soûpirs dans un sort si funeste ;
Les soupirs ne s'épuisent point.
Mais vous soûpireriez, Princes, pour une ingrate ;
Vous n'avez point voulu survivre à mes malheurs,
Et, quelque douleur qui m'abate,
Ce n'est point pour vous que je meurs.

CLÉOMÈNE

L'avons-nous mérité, nous, dont toute la flâme
N'a fait que vous lasser du récit de nos maux ?

PSICHÉ

Vous pouviez mériter, Princes, toute mon âme,
Si vous n'eussiez été rivaux.
Ces qualitez incomparables,
Qui de l'un et de l'autre accompagnoient les vœux,
Vous rendoient tous deux trop aimables
Pour mépriser aucun des deux.

AGÉNOR

Vous avez pû, sans estre injuste, ny cruelle,
Nous refuser un cœur réservé pour un Dieu ;
Mais revoyez Vénus. Le Destin nous rapelle,
    Et nous force à vous dire Adieu.

PSICHÉ

Ne vous donne-t-il point le loisir de me dire
    Quel est icy vostre séjour ?

CLÉOMÈNE

Dans les bois toujours verds, où d'amour on respire,
    Aussitost qu'on est mort d'amour;
D'amour on y revit, d'amour on y soupire
Sous les plus douces loix de son heureux Empire,
Et l'éternelle nuit n'ose en chasser le jour
      Que luy-mesme il attire
    Sur nos Fantômes, qu'il inspire
Et dont, aux Enfers mesme, il se fait une Cour.

AGÉNOR

Vos envieuses Sœurs, après nous descendues,
    Pour vous perdre se sont perdues,
    Et l'une et l'autre, tour à tour,
Pour le prix d'un conseil qui leur couste la vie,
A costé d'Ixion, à costé de Titye,
Souffre tantôt la roue, et tantôt le vautour.

L'Amour par les Zéphirs s'est fait prompte justice
De leur envenimée et jalouse malice;
Ces Ministres aislez de son juste couroux,
Sous couleur de les rendre encor auprès de vous,
Ont plongé l'une et l'autre au fond d'un précipice,
Où le spectacle affreux de leurs corps déchirez,
N'étale que le moindre et le premier supplice
        De ces conseils dont l'artifice
        Fait les maux dont vous soupirez.

PSICHÉ

Que je les plains!

CLÉOMÈNE

        Vous estes seule à plaindre.
Mais nous demeurons trop à vous entretenir;
Adieu. Puissions-nous vivre en vostre souvenir!
Puissiez-vous, et bientost, n'avoir plus rien à craindre!
Puisse, et bientost, l'Amour vous enlever aux Cieux,
        Vous y mettre à costé des Dieux,
Et, rallumant un feu qui ne se puisse éteindre,
Affranchir à jamais l'éclat de vos beaux yeux
        D'augmenter le jour en ces lieux!

SCÈNE III

PSICHÉ

Pauvres amans! Leur amour dure encore!

Tout morts qu'ils sont, l'un et l'autre m'adore,
Moy, dont la dureté reçeut si mal leurs vœux.
Tu n'en fais pas ainsi, toy, qui seul m'as ravie,
Amant, que j'aime encor cent fois plus que ma vie,
  Et qui brises de si beaux nœuds.
 Ne me fuy plus, et souffre que j'espère
Que tu pourras un jour rabaisser l'œil sur moy,
Qu'à force de souffrir j'auray de quoy te plaire,
  De quoy me rengager ta foy.
Mais ce que j'ay souffert m'a trop défigurée,
  Pour rapeller un tel espoir;
 L'œil abatu, triste, désespérée,
  Languissante et décolorée,
  De quoy puis-je me prévaloir,
Si, par quelque miracle, impossible à prévoir,
Ma beauté qui t'a plû ne se voit réparée?
  Je porte icy de quoy la réparer.
  Ce trésor de beauté divine,
Qu'en mes mains, pour Vénus, a remis Proserpine,
Enferme des appas dont je puis m'emparer;
  Et l'éclat en doit estre extrême,
  Puisque Vénus, la beauté mesme,
  Les demande pour se parer.
En dérober un peu seroit-ce un si grand crime?
Pour plaire aux yeux d'un Dieu qui s'est fait mon Amant,
Pour regagner son cœur et finir mon tourment,

Tout n'est-il pas trop légitime ?
Ouvrons. — Quelles vapeurs m'offusquent le cerveau,
Et que vois-je sortir de cette Boëte ouverte ?
Amour, si ta pitié ne s'oppose à ma perte,
Pour ne revivre plus je descens au tombeau.

Elle s'évanouit, et l'Amour descend auprès d'elle en volant.

SCÈNE IV

L'AMOUR, PSICHÉ, *évanouye.*

L'AMOUR

Vostre péril, Psiché, dissipe ma colère,
Ou plûtost de mes feux l'ardeur n'a point cessé,
Et, bien qu'au dernier point vous m'ayez sçeu déplaire,
Je ne me suis intéressé
Que contre celle de ma Mère.
J'ay veu tous vos travaux, j'ay suivy vos malheurs,
Mes soûpirs ont par tout accompagné vos pleurs ;
Tournez vos yeux vers moy, je suis encor le mesme.
Quoy, je dis et redis tout haut que je vous aime,
Et vous ne dites point, Psiché, que vous m'aimez !
Est-ce que pour jamais vos beaux yeux sont fermez,
Qu'à jamais la clarté leur vient d'estre ravie ?
O Mort, devois-tu prendre un dard si criminel
Et, sans aucun respect pour mon Estre éternel,

XXVII.   15

Attenter à ma propre vie ?
Combien de fois, ingrate Déïté,
       Ay-je grossy ton noir Empire
Par les mépris et par la cruauté
D'une orgueilleuse ou farouche beauté ?
       Combien mesme, s'il le faut dire,
T'ay-je immolé de fidelles Amans
       A force de ravissemens ?
       Va, je ne blesseray plus d'âmes,
       Je ne perceray plus de cœurs
Qu'avec des dards trempés aux divines liqueurs
Qui nourrissent du Ciel les immortelles flâmes,
Et n'en lanceray plus que pour faire à tes yeux
       Autant d'Amans, autant de Dieux.
       Et vous, impitoyable Mère,
       Qui la forcez à m'arracher
       Tout ce que j'avois de plus cher,
Craignez à vostre tour l'effet de ma colère.
       Vous me voulez faire la loy,
Vous, qu'on voit si souvent la recevoir de moy ;
Vous, qui portez un cœur sensible comme un autre,
Vous enviez au mien les délices du vostre ?
Mais dans ce mesme cœur j'enfonceray des coups
Qui ne seront suivis que de chagrins jaloux ;
Je vous accableray de honteuses surprises,
Et choisiray, par tout, à vos vœux les plus doux

Des Adonis et des Anchises,
Qui n'auront que haine pour vous.

SCÈNE V

VÉNUS, L'AMOUR, PSICHÉ, *évanouye.*

VÉNUS

La menace est respectueuse,
Et d'un Enfant, qui fait le révolté,
La colère présomptueuse...

L'AMOUR

Je ne suis plus enfant, et je l'ay trop été,
Et ma colère est juste autant qu'impétueuse.

VÉNUS

L'impétuosité s'en devroit retenir,
Et vous pourriez vous souvenir
Que vous me devez la naissance.

L'AMOUR

Et vous pourriez n'oublier pas
Que vous avez un cœur et des appas
Qui relèvent de ma puissance ;
Que mon arc de la vostre est l'unique soutien ;
Que, sans mes traits, elle n'est rien,
Et que, si les cœurs les plus braves
En triomphe par vous se sont laissez traisner,

Vous n'avez jamais fait d'Esclaves
Que ceux qu'il m'a plû d'enchaisner.
Ne me vantez donc plus ces droits de la naissance
Qui tyrannisent mes desirs ;
Et, si vous ne voulez perdre mille soupirs,
Songez, en me voyant, à la reconnoissance,
Vous, qui tenez de ma puissance
Et vostre gloire et vos plaisirs.

VÉNUS

Comment l'avez-vous défenduë,
Cette gloire dont vous parlez ?
Comment me l'avez-vous renduë ?
Et, quand vous avez veu mes Autels désolez,
Mes Temples voilez,
Mes honneurs ravalez,
Si vous avez pris part à tant d'ignominie,
Comment en a-t-on veu punie
Psiché, qui me les a volez ?
Je vous ay commandé de la rendre charmée
Du plus vil de tous les Mortels,
Qui ne daignast répondre à son âme enflâmée
Que par des rebuts éternels,
Par les mépris les plus cruels,
Et vous-mesme l'avez aimée !
Vous avez contre moy séduit des Immortels ;

C'est pour vous qu'à mes yeux les Zéphirs l'ont cachée,
    Qu'Apollon même, suborné
  Par un Oracle, adroitement tourné,
    Me l'avoit si bien arrachée   ,
    Que, si sa curiosité,
    Par une aveugle défiance,
    Ne l'eust renduë à ma vangeance,
  Elle échappoit à mon cœur irrité.
  Voyez l'état où vostre amour l'a mise,
  Vostre Psiché ; son âme va partir ;
Voyez, et, si la vostre en est encore éprise,
    Recevez son dernier soupir.
Menacez, bravez-moy, cependant qu'elle expire ;
    Tant d'insolence vous sied bien ;
Et je dois endurer quoy qu'il vous plaise dire,
    Moy, qui, sans vos traits, ne puis rien.

L'AMOUR

Vous ne pouvez que trop, Déesse impitoyable ;
Le Destin l'abandonne à tout vostre couroux,
    Mais soyez moins inexorable
Aux prières, aux pleurs d'un Fils à vos genoux.
    Ce doit vous estre un spectacle assez doux
    De voir d'un œil Psiché mourante,
Et de l'autre ce Fils, d'une voix supliante,
Ne vouloir plus tenir son bonheur que de vous.

Rendez-moy ma Psiché, rendez-luy tous ses charmes,
     Rendez-la, Déesse, à mes larmes ;
Rendez à mon amour, rendez à ma douleur
Le charme de mes yeux, et le choix de mon cœur.

VÉNUS

    Quelque amour que Psiché vous donne,
De ses malheurs par moy n'attendez pas la fin ;
     Si le Destin me l'abandonne,
     Je l'abandonne à son Destin.
Ne m'importunez plus, et, dans cette infortune,
Laissez-la, sans Vénus, triompher ou périr.

L'AMOUR

    Hélas, si je vous importune,
Je ne le ferois pas si je pouvois mourir.

VÉNUS

    Cette douleur n'est pas commune
Qui force un Immortel à souhaiter la mort.

L'AMOUR

Voyez, par son excèz, si mon amour est fort.
    Ne luy ferez-vous grâce aucune ?

VÉNUS

    Je vous l'avouë, il me touche le cœur,
Vostre amour ; il désarme, il fléchit ma rigueur ;
    Vostre Psiché reverra la lumière.

L'AMOUR

Que je vous vay partout faire donner d'encens !

VÉNUS

Ouy, vous la reverrez dans sa beauté première ;
Mais de vos vœux reconnoissans
Je veux la déférence entière ;
Je veux qu'un vray respect laisse à mon amitié
Vous choisir une autre Moitié.

L'AMOUR

Et moy, je ne veux plus de grâce ;
Je reprens toute mon audace ;
Je veux Psiché, je veux sa foy ;
Je veux qu'elle revive, et revive pour moy,
Et tiens indifférent que votre haine lasse
En faveur d'une autre se passe.
— Jupiter, qui paroist, va juger entre nous
De mes emportemens et de vostre couroux.

Après quelques éclairs et roulemens de Tonnerre, Jupiter paroist en l'air sur son Aigle.

SCÈNE DERNIÈRE

JUPITER, VÉNUS, L'AMOUR, PSICHÉ

L'AMOUR

Vous, à qui seul tout est possible,
Père des Dieux, Souverain des Mortels,

Fléchissez la rigueur d'une Mère inflexible,
          Qui sans moy n'auroit point d'Autels.
J'ay pleuré, j'ay prié, je soupire, menace,
          Et perds menaces et soûpirs.
Elle ne veut pas voir que de mes déplaisirs
Dépend du Monde entier l'heureuse ou triste face,
          Et que, si Psiché perd le jour,
Si Psiché n'est à moy, je ne suis plus l'Amour.
Oüy, je rompray mon arc, je briseray mes flèches,
          J'éteindray jusqu'à mon flambeau,
Je laisseray languir la Nature au tombeau ;
Ou, si je daigne aux cœurs faire encor quelques brêches,
Avec ces pointes d'or, qui me font obéïr,
Je vous blesseray tous là-haut pour des Mortelles,
          Et ne décocheray sur elles
Que des traits émoussés qui forcent à haïr,
          Et qui ne font que des rebelles,
          Des ingrates et des cruelles.
          Par quelle tirannique loy
Tiendray-je à vous servir mes armes toujours prestes,
Et vous feray-je à tous conquestes sur conquestes,
Si vous me défendez d'en faire une pour moy ?

JUPITER

     Ma fille, sois-luy moins sévère ;
Tu tiens de sa Psiché le Destin en tes mains ;

La Parque, au moindre mot, va suivre ta colère ;
Parle, et laisse-toy vaincre aux tendresses de Mère,
Ou redoute un couroux, que moy-mesme je crains.
            Veux-tu donner le Monde en proye
A la haine, au désordre, à la confusion ;
            Et d'un Dieu d'union,
            D'un Dieu de douceurs et de joye,
Faire un Dieu d'amertume et de division ?
            Considère ce que nous sommes,
Et, si les passions doivent nous dominer.
      Plus la vangeance a de quoy plaire aux Hommes,
      Plus il sied bien aux Dieux de pardonner.

                    VÉNUS

            Je pardonne à ce Fils rebelle ;
      Mais voulez-vous qu'il me soit reproché
            Qu'une misérable Mortelle,
L'objet de mon couroux, l'orgueilleuse Psiché,
            Sous ombre qu'elle est un peu belle,
            Par un Hymen, dont je rougis,
Souille mon alliance, et le lit de mon Fils ?

                    JUPITER

            Hé bien, je la fais Immortelle,
            Afin d'y rendre tout égal.

                    VÉNUS

Je n'ay plus de mépris, ny de haine pour elle,
      XXVII.   16

Et l'admets à l'honneur de ce nœud conjugal.
    Psiché, reprenez la lumière,
    Pour ne la reperdre jamais ;
    Jupiter a fait vostre paix,
    Et je quitte cette humeur fière
    Qui s'opposoit à vos souhaits.

PSICHÉ

    C'est donc vous, ô grande Déesse,
Qui redonnez la vie à ce cœur innocent ?

VÉNUS

Jupiter vous fait grâce, et ma colère cesse.
Vivez, Vénus l'ordonne ; aimez, elle y consent.

PSICHÉ, *à l'Amour.*

Je vous revois enfin, cher objet de ma flâme !

L'AMOUR, *à Psiché.*

Je vous possède enfin, délices de mon âme !

JUPITER

    Venez, Amans, venez aux Cieux
Achever un si grand et si digne Hyménée.
Viens-y, belle Psiché, changer de Destinée ;
    Viens prendre place au rang des Dieux.

Deux grandes Machines descendent aux deux côtez de Jupiter, ce pendant qu'il dit ces derniers vers. Vénus, avec sa Suite, monte dans l'une, l'Amour, avec Psiché, dans l'autre, et tous ensemble remontent au Ciel.
Les Divinitez, qui avoient été partagées entre Vénus et son fils, se réunissent en les

voyant d'accord, et, toutes ensemble, par des Concerts, des Chants et des Danses,
célèbrent la Feste des Nopces de l'Amour.
Apollon paroist le premier, et, comme Dieu de l'Harmonie, commence à chanter
pour inviter les autres Dieux à se réjoüir.

RÉCIT D'APOLLON

Unissons-nous, Troupe immortelle ;
Le Dieu d'Amour devient heureux Amant,
Et Vénus a repris sa douceur naturelle
　　En faveur d'un fils si charmant ;
Il va goûter en paix, après un long tourment,
Une félicité qui doit estre éternelle.

Toutes les Divinitez chantent ensemble ce couplet à la gloire de l'Amour :

Célébrons ce grand jour,
Célébrons tous une Feste si belle ;
Que nos chants en tous lieux en portent la nouvelle,
Qu'ils fassent retentir le céleste séjour.
　　Chantons, répétons tour à tour,
　　Qu'il n'est point d'âme si cruelle
Qui, tost ou tard, ne se rende à l'Amour.

APOLLON *continue :*

Le Dieu qui nous engage
A luy faire la Cour,
Défend qu'on soit trop sage.
Les Plaisirs ont leur tour ;
C'est leur plus doux usage
Que de finir les soins du Jour ;

La Nuit est le partage
Des Jeux et de l'Amour.

Ce seroit grand dommage
Qu'en ce charmant séjour
On eust un cœur sauvage.
Les Plaisirs ont leur tour ;
C'est leur plus doux usage
Que de finir les soins du Jour ;
La Nuit est le partage
Des Jeux et de l'Amour.

Deux Muses, qui ont toujours évité de s'engager sous les Loix de l'Amour, conseillent aux
Belles, qui n'ont point encore aimé, de s'en défendre avec soin à leur exemple.

CHANSON DES MUSES

Gardez-vous, Beautez sévères ;
Les Amours font trop d'affaires ;
Craignez toujours de vous laisser charmer.
Quand il faut que l'on soûpire,
Tout le mal n'est pas de s'enflâmer ;
Le martyre
De le dire
Couste plus cent fois que d'aimer.

Second couplet des Muses

On ne peut aimer sans peines ;

Il est peu de douces chaînes ;
A tout moment on se sent alarmer.
Quand il faut que l'on soûpire,
Tout le mal n'est pas de s'enflâmer ;
Le martyre
De le dire
Couste plus cent fois que d'aimer.

Bacchus fait entendre qu'il n'est pas si dangereux que l'Amour :

RÉCIT DE BACCHUS

Si quelquefois,
Suivant nos douces Loix,
La raison se perd et s'oublie,
Ce que le Vin nous cause de folie
Commence et finit en un jour ;
Mais, quand un cœur est enyvré d'amour,
Souvent c'est pour toute la vie.

Mome déclare qu'il n'a point de plus doux employ que de médire et que ce n'est qu'à l'Amour seul qu'il n'ose se jouer :

RÉCIT DE MOME

Je cherche à médire,
Sur la Terre et dans les Cieux ;
Je soumets à ma satire
Les plus grands des Dieux.

Il n'est dans l'Univers que l'Amour qui m'étonne ;
Il est le seul que j'épargne aujourd'huy ;
Il n'apartient qu'à luy
De n'épargner personne.

Entrée de Ballet, composée de deux Mœnades et de deux Ægypans qui suivent Bacchus.

Entrée de Ballet, composée de quatre Polichinelles et de deux Matassins, qui suivent Mome et viennent joindre leur plaisanterie et leur badinage aux divertissemens de cette grande Feste.

Bacchus et Mome, qui les conduisent, chantent au milieu d'eux chacun une Chanson, Bacchus à la louange du Vin, et Mome une Chanson enjouée sur le sujet et les avantages de la raillerie.

BACCHUS

Admirons le jus de la Treille ;
Qu'il est puissant, qu'il a d'attraits,
Il sert aux douceurs de la Paix,
Et dans la Guerre fait merveille ;
Mais, surtout, pour les Amours
Le Vin est d'un grand secours.

RÉCIT DE MOME

Folastrons, divertissons-nous,
Raillons, nous ne sçaurions mieux faire,
La raillerie est nécessaire
Dans les Jeux les plus doux.
Sans la douceur que l'on gouste à médire,

On trouve peu de plaisirs sans ennuy ;
Rien n'est si plaisant que de rire,
Quand on rit aux despens d'autruy.

Plaisantons, ne pardonnons rien,
Rions, rien n'est plus à la mode ;
On court péril d'être incommode,
En disant trop de bien.

Sans la douceur que l'on gouste à médire,
On trouve peu de plaisirs sans ennuy ;
Rien n'est si plaisant que de rire,
Quand on rit aux despens d'autruy.

Mars arrive au milieu du Théâtre, suivy de sa Troupe guerrière, qu'il excite à profiter de leur loisir en prenant part aux Divertissemens.

RÉCIT DE MARS

Laissons en paix toute la Terre ;
Cherchons de doux amusemens ;
Parmy les Jeux les plus charmans
Meslons l'image de la Guerre.

Suivans de Mars, qui font, en dansant avec des Enseignes, une manière d'Exercice.

DERNIÈRE ENTRÉE DE BALLET

Les Troupes diférentes de la Suite d'Apollon, de Bacchus, de Mome et de Mars, après avoir achevé leurs Entrées particulières, s'unissent ensemble, et forment la dernière Entrée qui renferme toutes les autres.

Un Chœur de toutes les Voix et de tous les Instrumens, qui sont au nombre de quarante, se joint à la Dance générale et termine la Feste des Nopces de l'Amour et de Psiché.

DERNIER CHŒUR

Chantons les plaisirs charmans
Des heureux Amans ;
Que tout le Ciel s'empresse à leur faire sa Cour.
Célébrons ce beau Jour
Par mille doux chants pleins d'amour.

Dans le grand Sallon du Palais des Tuilleries, où Psiché a esté représentée devant Leurs Majestez, il y avoit des Tymbales, des Trompettes et des Tambours meslez dans ces derniers Concerts, et ce dernier Couplet se chantoit ainsi :

Chantons les plaisirs charmans
Des heureux Amans ;
Répondez-nous, Trompettes,
Tymbales et Tambours ;

Accordez-vous toujours
Avec le doux chant des Musettes,
Accordez-vous toujours
Avec le doux chant des Amours ! •

MARS
Parmy tes Jeux les plus charmans
meslons l'image de la Guerre.

XXVII.　　　　　　　　　　　　　　17

PSICHÉ

EXPLICATION DES PLANCHES

Notice. — En-tête. Bande ornementale. Au milieu, dans un écusson en forme de cœur ailé, un arc, un carquois et un flambeau, attributs de l'Amour. Des deux côtés, des flèches entrelacées.

— Lettre P, ornée de branches de myrte, avec un petit Amour.

— Cul-de-lampe. Au milieu de rinceaux, dans un cadre circulaire, l'Amour donnant un baiser à Psiché.

Faux titre. — *Psiché, tragédie ballet.* Dans la partie inférieure, entourés de rinceaux, l'arc et le carquois de l'Amour. Aux deux côtés de l'encadrement de branches de myrte, la boîte donnée à Psiché par Proserpine, et la lampe nocturne, dont s'est servie Psiché, d'après la légende antique, pour voir le visage de l'Amour, endormi près d'elle. Dans l'encadrement, au-dessus et au-dessous du titre, le papillon, symbole de l'âme, et attribut de Psiché.

Grand titre. — Au-dessus du titre, Vénus, assise dans son char attelé de colombes, enjoint à l'Amour, son fils, de la venger de l'injure que lui cause la beauté de Psiché. Au-dessous du titre, dans un encadrement de fleurs et de fruits, Psiché, assise sur un trône.

GRANDE PLANCHE. — Acte IV. Scène III. Psiché, sur le conseil perfide de ses sœurs, ayant exigé de l'Amour qu'il lui dît son nom, l'Amour, après le lui avoir dit, s'envole ; et Psiché, désespérée, « demeure seule sur le bord sauvage d'un grand Fleuve ».

CADRE POUR LES NOMS DES ACTEURS. — Les montants latéraux sont faits de branches de myrte et de plumes de paon. Au-dessus du cartouche portant les noms, une couronne de fleurs ; au-dessous, des instruments de musique.

PROLOGUE. — En-tête. « Vénus, descendant du ciel dans sa Machine, avec l'Amour son fils et deux petites Grâces nommées Ægialé et Phaéné, » répond aux invocations de toutes les divinités de la Terre et des Eaux : « Cessez, cessez pour moi tous vos chants d'allégresse, » et se plaint d'être délaissée pour la trop belle Psiché. Les colombes de la déesse volent et se jouent autour d'elle.

— Lettre C. Danse des Dryades et des Sylvains.

— Cul-de-lampe. Vénus, assise dans sa « Machine », et ayant toujours près d'elle ses deux petites Grâces, envoie l'Amour, son fils, auprès de Psiché, en lui disant ce dernier vers du Prologue :

« Et ne me revoy point que je ne sois vangée ! »

ACTE I. — En-tête. Scène III. Importunée de l'amour des deux princes, Cléoméne et Agénor, qu'elle n'aime ni l'un ni l'autre, Psiché leur demande d'adresser plutôt leurs hommages à ses deux sœurs, qui, du reste, se trouvent plus humiliées que touchées de cette générosité. Sur les deux côtés, l'Amour avec son arc.

— Lettre I. Scène I. Les deux sœurs de Psiché, Aglaure et Cydippe, se font confidence de leur jalousie. Aglaure vient de dire à Cydippe, que les hommages rendus à Psiché lui ôtaient jusqu'au sommeil, et Cydippe répond : « Ma sœur, voilà mon martire ! — Dans vos discours je me voy, — et vous venez là de dire — tout ce qui se passe en moi. »

— Cul-de-lampe. Scène VI. Restées seules après le départ de Lycas, qui leur a appris de quel sort affreux était menacée Psiché, Aglaure et Cydippe échangent de nouveau leurs confidences ; et Cydippe dit à sa sœur, qui va d'ailleurs lui répondre sur le même ton : « A ne vous point mentir je sens que dans mon cœur, — je n'en suis pas trop affligée. »

PREMIER INTERMÈDE. — En-tête. Dans le cadre central, entre deux bordures formées de rinceaux, un « désert d'affreux rochers, où Psiché doit être exposée pour obéir à l'oracle ».

Cul-de-lampe. Troupe de « Personnes affligées » se lamentant du triste sort de Psiché, dans le lieu désert où elle va être exposée. Au-dessous, la faux, la torche et le sablier, attributs funèbres.

ACTE II. — En-tête. Fin de la scène IV. Psiché, enlevée en l'air sur un nuage par deux zéphyres, adresse un dernier adieu aux deux princes Agénor et Cléomène. Sur les deux côtés, dans l'encadrement, l'Amour ailé.

Lettre D. — Psiché, amenée au lieu où on la doit exposer, essaie, mais vainement, de consoler le Roy son père, qui tout à son désespoir de la perdre, s'écrie : « Je veux jusqu'au trépas incessamment pleurer — ce que tout l'Univers ne peut me réparer ! »

— Cul-de-lampe. Scène V. Pour suivre Psiché, enlevée par deux zéphyres, les deux princes qui l'aiment ont gravi un rocher d'où l'Amour, jaloux, les précipite, les châtiant ainsi d'avoir osé aimer celle qui va être désormais sa femme : « Allez mourir, rivaux d'un Dieu jaloux, —

dont vous méritez le courroux — pour avoir eu le cœur sensible aux mesmes charmes ! »

SECOND INTERMÈDE. — En-tête. Dans l'encadrement central, une cour ornée de colonnes, au fond de laquelle on voit une pièce d'eau, le tout dans le goût des jardins de Versailles. C'est la cour du « palais pompeux et brillant que l'Amour destine pour Psiché ».

— Cul-de-lampe. Deux fées apportent un vase d'argent à deux cyclopes déjà occupés à achever deux autres vases.

ACTE III. — En-tête. Scène III. Sur l'escalier du palais qu'il destine pour elle, l'Amour, sous la forme d'un jeune prince, vient au-devant de Psiché et la rassure, se révélant à elle comme le monstre que l'oracle lui a promis pour mari. — Vous êtes, lui dit-il, « au milieu d'un Empire, — où tout ce qui respire — n'attend que vos regards pour en prendre la loy, — où vous n'avez à craindre autre Monstre que moy ! »

— Lettre O. Scène I. L'Amour, déguisé sous les traits d'un jeune prince, avoue à Zéphire qu'il entend dès ce moment garder toujours cette forme. « Il est temps de sortir de cette longue enfance, — qui fatigue ma patience ; — il est temps désormais que je devienne grand ! »

— Cul-de-lampe. Scène III. Cédant à la prière de sa Psiché, et malgré qu'il soit « jaloux de toute la nature », l'Amour ordonne à Zéphire d'aller prendre Aglaure et Cydippe et de les conduire près de leur sœur.

TROISIÈME INTERMÈDE. — En-tête. L'écusson central fait voir une autre entrée du palais de Psiché.

— Cul-de-lampe. Une troupe de petits amours dansent en se tenant par la main, au-dessus d'un ornement en rinceaux qui porte au centre un papillon, attribut de Psiché.

Acte IV. — Scène III. En-tête. Sur le perfide conseil de ses sœurs, Psiché a insisté pour savoir le nom du prince son époux : et celui-ci, changeant de figure, et parlant d'un ton plein de colère à la jeune femme tout interdite, lui révèle qu'il est l'Amour, « le Dieu le plus puissant des Dieux ! »

— Lettre J. Scène II. Psiché vient dire à ses sœurs que son mystérieux Amant veut être seul avec elle, et qu'elles doivent repartir.

— Cul-de-lampe. Scène v. Psiché, agenouillée devant Vénus, qui lui est apparue toute courroucée, s'excuse d'avoir osé aimer l'Amour. « Pouvais-je n'aimer pas le Dieu qui fait aimer? »

Quatrième intermède. — En-tête. Dans le médaillon central est figurée la mer effroyable des Enfers ; et l'on y voit passer la barque de Charon, conduisant Psiché.

— Cul-de-lampe. Sur la barque de Charon, Psiché traverse la mer infernale, debout, et portant dans ses mains la boîte que Proserpine lui a donnée pour Vénus.

Acte V. — Scène v. L'Amour qui est descendu auprès de Psiché évanouie, et que sa mère Vénus somme de renoncer à sa flamme, ose enfin tenir tête à la puissance déesse : « Je veux Psiché, je veux sa foy ! — je veux qu'elle revive, et revive pour moy ! »

— Lettre E. Scène II. Traversant les Enfers avec la boîte fatale que lui a donnée Proserpine, Psiché rencontre sur sa route les ombres d'Agénor et de Cléomène, les deux princes qui sont morts de leur amour pour elle. Agénor, plus amoureux que jamais, lui dit qu'il préfère le séjour des Enfers à celui de la Terre, puisqu'il a le bonheur d'y jouir de sa vue.

— Cul-de-lampe. Scène dernière. Devant les Dieux de l'Olympe, réunis sous la présidence de Jupiter, et parmi lesquels l'Amour et Psiché ont été admis à siéger, Mars fait faire à sa troupe guerrière une manière d'exercice, qui se danse avec des « enseignes » ou boucliers, et des sabres. « Parmi les jeux les plus charmans, — mêlons l'image de la Guerre ! »

ACHEVÉ D'IMPRIMER A ÉVREUX
PAR CHARLES HÉRISSEY
LE NEUF SEPTEMBRE MIL HUIT CENT QUATRE-VINGT-QUINZE

PER · ASPERA · SPERA

POUR LE COMPTE D'ÉMILE TESTARD
ÉDITEUR A PARIS